智能传播

创新与变革篇

2023年
第一辑

主　编◎李本乾
副主编◎李晓静　陈　梦

上海交通大学出版社
SHANGHAI JIAO TONG UNIVERSITY PRESS

内容提要

本书聚焦智能传播领域的创新与变革问题。人工智能对现有的传播理论体系带来冲击，传播理论向哪里去？新技术给传播理论带来怎样的新变？本辑收录的论文，主要回答上述两个问题，涵盖元宇宙、应急传播、技术哲学、新闻学发展、数字治理等话题，覆盖面广，方法多样，对于读者全面了解人工智能时代的理论创新与教育变革有一定启发作用，共有9组新闻传播领域的青年学者参与撰写。

本书可供新闻传播学及相关学科研究者参考、阅读。

图书在版编目(CIP)数据

智能传播. 创新与变革篇/李本乾主编；李晓静，陈梦副主编. —上海：上海交通大学出版社，2023. 10

ISBN 978-7-313-30139-0

Ⅰ. ①智… Ⅱ. ①李…②李…③陈… Ⅲ. ①传播媒介—研究 Ⅳ. ①G206. 2

中国国家版本馆CIP数据核字(2024)第006257号

智能传播：创新与变革篇
ZHINENG CHUANBO：CHUANGXIN YU BIANGE PIAN

主　　编：李本乾　　副 主 编：李晓静　陈　梦
出版发行：上海交通大学出版社　　地　　址：上海市番禺路951号
邮政编码：200030　　电　　话：021-64071208
印　　制：上海万卷印刷股份有限公司　　经　　销：全国新华书店
开　　本：787mm×1092mm　1/16　　印　　张：5. 5
字　　数：118千字
版　　次：2023年10月第1版　　印　　次：2023年10月第1次印刷
书　　号：ISBN 978-7-313-30139-0
定　　价：48. 00元

编　委　会

编委会工作组

卷首语

本书聚焦智能传播领域的创新与变革问题。智能媒体时代的技术在飞速进步，但是有关智能传播的基础理论尚未达成共识，智能媒体时代教育还存在诸多问题，本辑收录的论文关注元宇宙时代的传播理论创新、应急传播的基本理论框架、景观社会框架下的元宇宙思考、技术具身与深度沉浸、数字空间的人权风险以及中药在智能推荐平台的传播形态等。本书可供新闻传播学及相关学科研究者参考。

焦宝和张雅雯合作的《技术·媒介·关系:元宇宙时代下口语传播的赋能与创新》一文，借助虚拟数字技术，逐步看到了全时在线、万物互联的信息空间诞生的可能性，除自然宇宙之外人类传播的第二种存在场景对人与信息、人与媒介的关系再次建构。

张锦涛、周谧和王维合作的《智能时代应急传播研究的意义边界、事件视角与主体考量》一文，对应急传播的意义边界进行进一步明确，对应急传播与突发事件相联系的切入视角予以充分关切，并将应急传播的主体进行扩展考量。

杨钊的《技术、时空与权力:论保罗·维利里奥与约翰·彼得斯的“后勤”思想》一文，在技术哲学的视野下考察了“后勤”的理论渊源与现实指向。

霍新悦的《物质、技艺与姿态——基于平板电脑的传统书法数字化书写》一文，探讨包含传统书法元素的书写如何在新媒介上发生，作为物质基础的电子设备在其中扮演了怎样的角色，又导致书写姿态发生了怎样的变化。

彭淑茵的《元宇宙的奇观生产与视觉想象——以〈黑客帝国〉的虚实相生为例》一文，以《黑客帝国》系列电影为例，结合居伊·德波(Guy Debord)的“景观社会”理论尝试分析元宇宙奇观的类型建构和生产机制。

邓琴玲玉的《肉身退场?元宇宙下玩家的技术具身与深度沉浸》一文，主要探讨了拥有“肉身”与“化身”的身体如何影响网络游戏中玩家的远程在场以及沉浸感，并且展望了在元宇宙的背景下具身游戏的可能路径。

张婧怡和叶欣平合作的《元宇宙语境下空间新闻学的实践与发展》一文，通过分析虚拟现实、增强现实技术对新闻报道的影响，探讨当前空间新闻学实践中的应用与问题，以及元宇宙场景下新闻报道的未来发展方向。

韩旭和海翔宇合作的《当代中国数字空间中的人权风险与治理》一文，认为数字人权是人在数字空间中延伸出的基本权利，积极解决当代中国数字人权面临的问题，进一步促进中国数字空间的信任建立。

林昕悦和陈梦合作的《探究中药在国际新媒体平台上传播的影响因素——以 YouTube

平台为例》一文,采用内容分析方法,以精细加工可能性模型(ELM)、健康信念模型(HBM)为基础,探究中药在国际新媒体平台上传播的影响因素。

我们希望借助本书的出版,讨论新问题,关注新现象,启发新思考。期盼与各位读者一道,解读智能传播技术的发展及其社会意义,共同思考并创造新背景下新闻传播学及社会科学研究的美好未来。

目　录

技术·媒介·关系:元宇宙时代下口语传播的赋能与创新

焦 宝[①] 张雅雯[②]

【摘要】 元宇宙的到来,让人们意识到技术手段的迭代升级对传播范式和传播生态的颠覆性意义,借助虚拟数字技术,人们逐步看到了全时在线、万物互联的信息空间诞生的可能性,以及除自然宇宙之外人类传播的第二种存在场景对人与信息、人与媒介关系的再次建构。在既有传播经验中,口语和书面语是人类语言中最为复杂的信息媒介之一,口语传播作为人类传播的本源,借助虚拟技术的优势,在元宇宙中成为更加直接、有效和沉浸式的传播方式,对其未来应用的猜想与期待也进一步强调了口语传播在传播生态中的地位和作用,让古老的口语传播有了更多突破困境的可能。

【关键词】 口语传播;传播关系;元宇宙;智能时代

与文字传播、印刷传播、电子传播、网络传播一样,"口语传播"是人类传播史中的一个阶段。早期人们主要通过口语传播来交流信息、传递知识和分享经验,有效地传递思想、情感和价值观,促进共同理解和社会团结。口耳相传是彼时文化、历史和智慧实现代代相传的主要途经,可以说,口语传播是人类社会交往和文化传承的基础。后来,口语传播逐渐沉淀为一门学科,它研究不同社会情境中"人们以语言和非语言为媒介,来组织、发送、反馈信息并产生有效互动的传播行为"[1],将其视为基础的人际传播手段,在语言行为分析、社会认知与文化演变关系、跨文化口语传播、广播电视等媒体形式对口头语言塑造作用等方面皆有所建树,并逐渐发展为一门理论与应用相结合的学科体系。而元宇宙与智能时代的到来,人际关系范式面临颠覆,这无疑赋予了口语传播广阔的探索空间。

一、技术推动:媒介域的变革与再生

媒介域是一种信息和人的传递运输环境,包括相关的知识加工和传播方法[2]。根据媒介学的历史观,人类文明历史可以划分为三个不同的媒介域,即文字、印刷和视听,文化传

① 吉林大学新闻与传播学院副教授。
② 吉林大学新闻与传播学院硕士研究生。

递系统也因此可区分为三个阶段:逻各斯域、书写域和图像域。每一个媒介域都有一个具有主导地位的中心媒介,突破媒介功能属性,在更广泛和深层的环境背景下以涵化作用培育人的行为需求与思维方式。

1. 早期人类传播的身体在场

媒介观念随着媒介技术的发展逐渐丰富多样。梳理媒介发展历程,可发现媒介创造万事万物更多种联通的可能性,引发人类获取信息的效率、规模、模式的变化。作为传播的工具与手段,媒介与传播主体——人身是传播学研究中不可忽视的重要领域,在研究中具有审视意义。恰如麦克卢汉的经典媒介理论"媒介是人的延伸"[3],所有媒介都可以与人的身体发生关联,"身体通过意向性与世界和他人达成一种实践过程,所谓意义、理解和沟通都奠基于这种身体实践过程[4]"。

信息必须借助物质载体才能从传者抵达受众,早期的人类传播活动中,身体在场被视为一种必要条件。身体作为媒介,承载着接受和传递信息的任务,将人的意识物化于身体之中,每个个体都成为传播链条中的媒介,因此信息传播活动要求传播双方必须同时存在于相同的时间和空间中,以时空的一致性为传播的基础。这种身体在场的情景极大地影响了信息传播的方式和效果,使得传播变得更具亲密性和直观性。

在共时空的传播环境中,最基本、最常用、最灵活的中介载体便是语言。在人类发展初级阶段,口语方式因能满足面对面沟通时的种种需求,成为不可替代的传播方式。一方面,口语的时效性强、互动性高,能够满足在场双方即时信息交换的需要,引起交流的反馈与调整,保证沟通效率;另一方面,人类对于情感交流的需求是永恒的,口语是由人体器官加工后发出的,传播融合情感成分,更能体现交流中的人情味儿。以身体为中心、以身体为媒介,同时空下的口语传播方式是人类早期信息传播的核心特色。

当人及其身体作为媒介,满足了人类共时空、全真性的传播需求,身体在场或者说传播的具身性最大限度地凝聚了人的社群共同体关系,但同时也因其共时空的特性压制了这一社群共同体的时空规模。传播实践的发展扩大媒介概念,在发展过程中,传播媒介由身体发展外化为独立物体,延伸人的身体,也逐步出现取代人的身体的趋势。媒介全方位渗透人的社会关系,代替个人感知成为人们认识万事万物最主要的渠道,并由此改变着认知自身与世界的思维范式。

2. 媒介定义现代人类传播

纵观人类发展史,随着生产力的演进,人们的生存活动范围逐渐扩展,传播需求愈发强烈。以口头传播为典型代表的共时空传播体系受制于肉体具身,从而使人类精神交流和物质互动难以深入发展。在这种情况下,人类迫切需要新的媒介手段来突破时间和空间的约束。因此,媒介技术的演变和传播关系经历了显著的变革。第一个关键转折发生在文字出现之际。人类通过书信、报纸等方式实现了语言跨越物理空间的能力,从而使身处异地的个体得以通过中介载体共享信息,并形成了思想上的整体性,传播媒介由人体本身转变为他物。随后,在电子媒介兴起之后,电子媒介通过技术手段将信息传输和交流提升到全新的层面,打破了时间与空间的局限性,使人们能够更加便利地进行精神和物质互动,构成了麦克卢汉眼中身体的“延伸”。

由此可见,在现代传播场域中,媒介帮助身体突破了内在结构和外在环境的限制,传播不必要求身体的在场,而是以驯化更多身体器官的方式扩大传播中人身的轮廓,造就另一个分身。技术与媒介的合谋进一步释放身体在传播中的自由性,使人有机会感知到更广阔的环境;同时,技术媒介为迎合需要逐渐凸显人性化特征,比如演化中的媒介不断强化用户的个性需求、参与机制、反馈机制,表现出作为人的延伸的自觉性。媒介延伸身体,身体形塑媒介,这份隐秘的默契推动传播方式走向人性化变革,以高效率、低成本的优势逐渐培养起信息传受双方对技术媒介的高度依赖。媒介在“人的延伸”中彰显自己的威力。传播渠道丰富、传播符号多媒体整合、传播空间跨越时空,从辩证唯物主义认识论来看,人的主观能动性将对技术的发展起到关键性作用,技术始终是人类思想的物质表现,媒介演化既满足人类使用需求,也定义现代传播中人与媒介的图景。

新型传播关系的建构不过是传播环境改造的回声,媒介正在“用一种隐蔽但有利的暗示来定义现实世界”[5]。如今,新兴技术手段的崛起如同一场引人瞩目的革命,给传播领域带来了翻天覆地的变革。这种变革不仅是形式上的更新,还是深层次的思维模式和观念的刷新。数字化媒体以其灵活多样的展现方式和互动性的优势成为主流,广播电视让位于网络通信,传统媒介让位于移动设备,信息的自由流动与共享化达到了前所未有的程度,人工智能技术、虚拟现实技术的出现更是描绘了现代传播的全新面貌。

3. 虚拟技术重组传播范式

美国作家尼尔·斯蒂芬森(Neal Stephenson)在科幻小说《雪崩》(*Snow Crash*)中创造出的“Metaverse”一词,历经30年的技术积累从科幻走向现实。“元宇宙”的落地是人类信息技术结束单兵直入的发展路径走向横向融合的标志性事件,也以其融合性为我们打开了在自然宇宙之外的虚拟时空建构的“美丽新世界”。新世界降临,意味着人类传播关系的重塑,意味着人与自身、与他人之间的信息网络构建面临着颠覆性的改变。元宇宙是媒介技术和其他相关技术高度发展的产物,它集中融合了人类有史以来所有最先进的媒介形式,是一个虚拟世界和现实世界融合的再生时空,具有高度的网络化、数字化和智能化特点。从媒介域的视角来看,元宇宙智能传播时代的媒介场景,是一个开放的、无限扩展的媒介域。

在这个虚拟的元宇宙中,人们不再受限于视觉和听觉,而能够通过嗅觉、触觉等感官的沉浸式体验,全身心地融入其中。虚拟现实、增强现实和可穿戴设备等先进技术的兴起为未来元宇宙虚拟时空带来了全身心融入的沉浸式体验,使得媒介不再是冷冰冰的单一中介,而是一种能够与人们共鸣、共创和共享的存在,为传受双方以间接的、虚拟的形式彼此交流、陪伴赋权,授予传播以新的规则和秩序,同时也重新定义传播中的媒介逻辑。

虚实融合形成新的数字化空间,信息传播技术、传播载体和传播方式都将发生重大变化,并推动媒体内容生产方式的革新。通过虚拟现实技术,人们可以亲自体验并感知到远在他处的事件或事物,从而改变了以往媒体只能通过文字、图片和视频传递信息的局限性。同时,元宇宙的发展也将创造新的传播载体和方式。区块链技术的引入使得信息的存储和传输更加安全可靠,也为数字货币和虚拟资产提供了基础,进而催生新的商业模式。

时间与空间构成传播场域的两个维度,元宇宙在虚拟数字技术路径中对时空要素进行重组,无论是虚拟人还是现实世界的物理人,其感知信息的方法必然发生质的变化,传播范式面临新的洗牌。

在虚拟技术缔造的时空之中,人类可以通过意识带动身体进入虚拟场景,以全新的方式与他物连接:每个个体都拥有一个数字分身,以一种数字孪生的方式,使得身体自身实现信息的制作、收集、储存与分析,传播主体感知信息的方式在此被重新塑造,人类传播活动第一次以数字形式实现了身体于异时空关系中的共时存在。当人们可以以虚拟在场的方式与万事万物发生直接联系、自主体验事物时,人和媒介就无法区分了,身体以另一种方式回归传播:"人成为媒介,媒介即为人[6]。""数字媒介给我们帮了个忙,让我们更具历史感和想象力[7]。"当在元宇宙环境中,我们能够"面对面"交流,时空的突破使得我们必须重新审视人类最原始的传播方式——口语的当下功能和意义。

二、虚拟媒介:多维重塑传播生态

"任何一种后继的媒介,都是一种补救措施,都是对过去某一种媒介功能的补救和补偿[8]。"传统媒介受制于自然时空,仅在有限范围内享有传播自由,后续媒介形态不断推陈出新,说到底是在突破传播距离、传播时效的方向上做出努力,为人类传播争取更高的自由度。元宇宙时代,虚拟技术拓展传播第二空间,再构时空要素,并由此刷新人类传播关系,从多重维度打造出解放人类信息生产力的下一个风口。

1. 拓展传播空间

自然世界作为人类生存的真实环境,也成为传播存在的基本语境。在原始的言语交流时代,人们依赖空气来传递信息,面对面的"面识"方式成为主要交流形式,同时物理场所充当着传播的场域。随着互联网的发展,不断进化的介质塑造了全新的传播环境,为人类的传播行为打开了崭新的大门。然而,未来虚拟技术所创造的元宇宙时空对传播范式具有颠覆性意义,首要体现在对人类传播疆域的突破。以2018年上映的电影《头号玩家》为想象的切入点,游戏语境下,电影主人公在虚拟世界寻找隐藏彩蛋,争夺"世界首富之位",在虚拟空间中开启自己的另一种人生。正如电影对虚拟世界的刻画那般,元宇宙的落地意味着人类由此拓展出另一个可供人类生存、创造、共建、共享的空间与交流场景,延伸传播空间。

人作为生物体,感知外界的方式不外乎视觉、听觉、触觉、嗅觉和味觉。以往的媒介手段多集中于人们的视觉和听觉,对其他感知方式有所忽视。而虚拟技术更能满足人性化需要,它不仅关注以往媒介偏重的视觉和听觉延伸,而且将这种延伸扩大到整个感官系统,用极致的沉浸式体验唤回感官的平衡。空间概念挣脱现实认知,人类生存范围亦从真实困境中剥离。在崭新的世界中,元宇宙以其开放的、无限扩展的特性,打破了传统物理空间的限制,将人们带入一个全新的数字化世界。在虚拟次生世界中,人们可以通过虚拟形象和数字化身份进行交流和互动。传播行为不再受制于时间和空间的限制,人与人之间的互动不再局限于物理接触，而是通过虚拟空间中的数字化媒介进行。这种脱离实际物质的传播情境，使得传播的界限和可能性被重新定义和扩展。万事万物亦假亦真，人们可以凭意愿设置自己的形象，安排自己的身份，体验第二人生。"这是对于人类受困于现实世界限制的一种巨大解放，并且其生命的体验空间得到了近乎无限的拓展，而人的内在特质、个性与能力也可以在这种全然不同的世界里得以释放[9]。"

2. 再构时空要素

突破传播时间与空间的限制则是媒介技术发展的永恒动力，纵观媒介变迁，时空概念被技术不断更新，从文字突破口语的转瞬即逝，到电报弥补报刊对远距离运输的力不从心，再到互联网技术以及后来移动智能终端的发展打破了时空的唯一性，人类对传播时空的可控性得到前所未有的增强。

空间与时间具有一维属性，其物理性质决定了无论人类对传播媒介做出何种努力，信息难以避免地在时空维度上存在滞后性。而虚拟技术的成熟与应用势必对时空要素造成范式性的改变，通过重塑时空概念解放信息的生产力。以往媒介技术提升人类对时空要素的可控度，未来传感器技术、可穿戴设备、虚拟现实技术、增强现实技术则将人的身体无时无刻不置于传播场景之中，在场景泛化中，空间边界被消解、时间界限变模糊。

"媒介可以分为压缩时间的媒介和压缩空间的媒介"[10]，技术一骑绝尘，成就信息的共享与永生，于是可以看到"人类信息传播环境中的时空'塌缩'"[6]，传统时空概念受到挑战。曼纽尔·卡斯特（Manuel Castells）提出"无时间之时间"[11]的时间概念，技术加速传播进展，信息传递的时间差被大大压缩，时序性被破坏。而在元宇宙这个虚拟语境中，人人实时在场成为可能，虚拟技术通过再构时空要素重塑传播生态，分解空间与时间的物质性，通过虚拟替身进行的人际传播成为消解媒介操控传播活动的利刃。

3. 刷新人类传播关系

任何技术之于沟通形式的改变，都重新形塑了人类传播的关系。"任何的新媒介都是一个进化的过程，一个生物裂变的过程，它为人类打开了通向感知和新型活动领域的大门[3]。"20世纪以来，大众传播技术持续发展，报纸、广播、电视等媒介在相互博弈中以内容为资本争取受众；20世纪90年代互联网的出现颠覆单向性的传播方式，交错的传播网络释放信息蕴藏的巨大能量，多媒体融合应用更是催生新媒体时代的到来；21世纪，自媒体的兴起将传播话语权拉下神坛，传播链条中受众单向接受信息的默认设置被重写，"用户"成为更贴切的身份名词；21世纪20年代前后，以数据为驱动力的智能传播兴起，由此数据对社会发展的驱动作用得到前所未有的提高。"从大众传播到数字传播，传播学的范式转变，源于社会信息传播机制的结构发生根本性变化，即传播所涉及的要素以及各要素之间关系发生了根本性的变化[12]。"元宇宙是传播的未来语境，技术的升级也更迭着传播者、受众、内容、媒介的内涵与外延，传播中固有的关系链条被释放更新。

在虚拟技术已经逐步运用于信息传播且有着广阔发展前景的今天，持续存在的虚拟空间彻底颠覆传统传播间接化、平面化的叙事方式，模拟现实传播场景，让人们以虚拟具身的方式参与信息的传播实践，以维护媒介争鸣中人身作为中介的意义。首先，虚拟技术加强传播者智能化趋势，人与技术融合，信息接收能力得到前所未有的加强，成为独立而又功能强大的媒介；其次，传播过程中场景沉浸感超越信息内容本身，从注重传播效果的信息范式转向强调受众感受、重视传播过程的情感传播范式；最后，受众对外在信息感知方式由“表达”到“体验”，对情感传播、关系表达的需求进一步加强。可以说，虚拟技术打造了全局性的数字化新世界，更改着人与技术、人与信息的关系。

技术延伸人的认知范围，过去各类传播手段虽然打通认知新事物的渠道，却也割裂人与其他事物之间的联系，对外物的感知力归根到底是依赖于介质的。习惯性地接收二手信息打断了身体的直接感知能力，造成人的“截肢”。虚拟技术则把宇宙万物送到人们眼前，无需其他中介参与，人体是连接信息的唯一媒介，换句话说，人就是媒介，媒介也就是人本身。

三、口语传播：元宇宙塑造回归场景

作为口语传播的“语言是人跟人互通信息、用发音器官发出来的、成系统的行为的方式”[13]。简而言之，口语传播，即人类的言说活动，是人类组织、发送、反馈信息并产生有效互动的一种传播行为。“传播不是‘核工程’与‘基因科技’，它不是被发明的，而就是一直贯穿于人类社会的始终[14]。”口语是最古老的传播方式之一，早在公元前 5 世纪，口语传播的传统便在雅典公共演讲的广泛应用中得以确立，而后来视觉文明的发展让一度辉煌的口语传播备受冷落，也让后来对人类传播关系的研究陷入到“柏拉图的阴影”[15]之中。

“新技术可能会绕开口头语言”[16]，但具体使用场景同样蕴藏着口语传播。人类传播活动经历了口头、文字、印刷、电子、网络传播阶段的连番轰炸，在智能化时代，电商直播、社交语音等使用场景仍是口语传播旺盛生命力的有效印证。当虚拟技术赋权传播主体，去媒介化的传播格局逐渐形成，口语传播的应用出现了更多可能性。

1. 打通传播“隔离感”

探讨未来传播语境中口语传播的回归，便不得不回顾传统大众媒介中身体缺席带来的弊端。参照生物的用进废退原则，若技术使得生物某一个器官更加发达，被技术延长的身体纵然为传播力“加持”，但身体其他器官却像生了锈的链条，难以在失去外物的情况下运转，感知的整体平衡性也被打破，接触信息的感受真实却不真切，毫无疑问，中介物造成了传播的“隔离感”。

传统媒体利用载体突破信息传递过程中时间、空间的规约，却也因在信息传播链条上设置过多的中介环节，造成传统媒体传播链条低效失能。信息的传受过于依赖冰冷的中间载体，传播效果也很大程度上受到中介环节的限制，人在传播中的主体性逐渐没落、情感性易于流逝、感知能力持续失衡。数字媒体时代人们对于“算法黑箱”“数字劳工”“数据隐私”的恐惧亦成为悬在用户头上的达摩克利斯之剑。

“理想的信息传播模式，无疑是面对面的人际交流能够以突破时空限制的方式呈现”[6]，面对面的传播状态便规定了身体作为传播枢纽的必要性。传授者可以通过声音、动作、表情等身体语言传递信息、表达情感,“雪莉·特克尔(Sherry Turkle)的著作《群体性孤独》和《重拾交谈》通过揭示社交情境中身体缺场对个体心理产生的消极影响”[17],可见身体对于传播的不可替性。在被中介化了的传播中,打破隔离感、重塑在场感是媒介进步革新的动力,虚拟技术则通过虚拟具身的方式塑造出体验式的接收信息过程,将解读信息的话语权重新交回人类手中。

毋庸置疑,当技术发展到一定阶段,便是质感更轻盈、使用更省力的媒介形态,化有形于无形。如今人类的任何活动都伴随着大量信息的产生,经算法计算形成“台前”形象。同时,万物互联生态下,万事万物全时在线,皆是微粒般的数据源,人参与信息传播的方式悄然转变。未来人类以具身在场的方式参与传播,弥补媒介深入传播各个环节所带来的人际语言交互性的匮乏和面对面交流感的缺失,接收信息的方式从认知型转化为体验型。与其说传播中介正在消解,不如说是虚拟技术帮助人取代中介发挥了信息接收、输出的作用。

聚焦互联网时代,随着强连接与弱连接社交关系的增多,交换观点、沟通情感的需求愈发旺盛,“与画面、文字相较,口语实践的声音符号具有明显的交互性和人文性,在新型媒体平台,口语沟通颇具社会性的意义”[18],正如社交媒体的语音功能、语音问答、音视频直播等实践形态,帮助网络用户巩固与他人协作相依的社会关系。“口头传播和口语文化的九大特征之一是移情的和参与式的,而不是与认识对象疏离的[19]。”口语传播建立参与双方的信任感,拉近彼此距离,这是除了陈述事实、传达客观信息外人们更高级的内心需求。而元宇宙有望以打造虚拟具身持续在场的方式缔造与原始人际交流一脉相承却又大相径庭的面对面沟通场景,解放个体对传播的参与度与体验感,找到口语传播在场景应用中的取向与出路。

2. 调节时空“平衡性”

著名学者哈罗德·英尼斯(Harold Innis)提出的“媒介偏向性理论”认为,媒介是有着时间偏向和空间偏向的[20]。时间偏向的媒介,诸如过去的羊皮纸、今天的杂志报纸,能够长时间保存,满足历史视角下文化延续的需要;具有空间偏向性的媒介,如电报、广播、互联网,则质地较轻,在跨距离的传播中更具优势,却难以持续和存储。

伊尼斯认为,口语传播促成时空偏向性的平衡。口语可以看作是媒介演变的初始状态,口语的属性限制了传播在时空层面的自由度。为了满足人类交流的需要,媒介在传播的时间与空间层面不断调整改进。媒介理论学者保罗·莱文森(Paul Levinson)提出的“补偿性媒介”[8]概念可以引导我们思考媒介形态的演化。“媒介的时间或空间偏向性不完全由媒介的既有特征决定,人类往往会将社会规则强加于媒介之上,而使媒介表现出不同的偏向结果”[20],“莱文森将这种现象解读为在社会需求的基础上,技术对媒介的补救”[21]。从媒介时空偏向性能演变的过程来看,从口语媒介的时空偏向平衡开始,书写媒介延伸口语存在空间,在空间偏向维度打破了既有时空偏向平衡;印刷媒介在时间偏向上对时空偏向失衡进行补救,改善了传播的即逝性,推动媒介系统往时空偏向平衡移动;电子媒介在空间偏向性能上大幅提升,信息的远距离运输不再是难事,再次打破本趋向平衡的媒介时空偏向性能;而以数字传播技术为支撑形成的多种新媒介,诸如微博、微信、各类 App,技术赋能生产创造，即便是相关性较小的信息也被赋予保存的机会，弥补时间延续层面性能的不足，再次将媒介系统拉向时空偏向性能的平衡。

“如果将媒介时空特性看作一个平衡系统，媒介的空间偏向性能是这个系统动态平衡的自变量，而媒介的时间偏向性能则是因变量，媒介时空偏向平衡系统中作为自变量的空间偏向性能突破将导致因变量时间偏向性能的跟进调整，以保持媒介系统的动态平衡”[22]。延续媒介发展思路，元宇宙提供的虚拟世界拓展新的空间，以打造全景式体验消解传播中的距离差值。人的数字具身参与传播，利用技术手段打破口语易逝特性，呈现更为极致的全时性、全景化传播。因此，如果说元宇宙具有空间偏向，口语传播则具有平衡时间偏向和空间偏向的特征。

3. 体现叙事“私人化”

5G技术已成为当今社会的技术基石，其大容量、高速率、低延时的特性使海量信息的存储成为可能，传感器技术激发个人数据大量涌现，基于此，社会的发展与变迁不再仅仅体现在大众传播构造的“宏大叙事”之中，“私人视角”同样提供了窥见社会动态的门窗。

相较于广场式散播信息的大众传播，人际传播模式更符合元宇宙中用户高度依赖传播情境、以第一视角共享信息的传播期待。口语传播方式是最基本、最灵活的传播形态，拥有丰富多样的表达技巧和语音面貌，传播自由度极高。实际交流场景中，双方运用有声语音与副语言实现多信道传输，携带丰富的人文性，更能体现“私人叙事”的交流特点。用户以“亲历者”身份进入元宇宙空间，更是强化了用户的个性化需求，不需要其他中介做“义肢”，人的虚拟具身便可以以第一视角参与事件的记录与传播。

有别于物理场域，任何符号都可以尽情穿梭在这个时空重构的虚拟空间内，人们可以自由创建新身份、加入新社群，享受技术对个性化需求的极致满足。原声口语时期，古希腊的文化与权利在行吟诗人、公共演讲中得以传承，相较于严谨精细的视觉文化，口语传播方式以灵活多变的修辞手段、模糊多向的意味蕴含透露出传播主体的参与策略，在宏大叙事之中融入主观视角。定制化的个人表达风格是口语传播方式所携带的丰富附加因素发生交集的结果，在未来元宇宙场景中，主客体的虚拟分身共处同一个传播场景，用口语方式表达自我思想，拥戴选择个体叙事视角的权利，仿佛重新回到原生口语时期古希腊演说家、智辩士在公共场所对听众言说的场景。

4. 营造他人“介入感”

2022年1月12日，腾讯新闻联合复旦大学新闻学院传播系发布《2021—2022元宇宙年度报告》，提出“元宇宙率”概念，用来衡量元宇宙技术营造的“远程在场感、沉浸感”，成为行业发展程度评分标准。从广义上说，岩洞壁画、敦煌壁画、口语故事、文字、戏剧、2D和3D游戏等都是元宇宙技术，只不过它们的“元宇宙率”不同，呈现出的沉浸程度不同而已。在未来的技术演化中，虚拟技术毫无疑问会在沉浸感、在场感的塑造上一路高歌向前。

得失相伴，极致的沉浸式体验可能是埋在第二时空的定时炸弹。当今数字化时代技术深度辐射人类生活，种种问题接连暴露——隐私泄露、信息冗杂、技术为王……不断发酵的负面效应的确值得我们警醒。新事物具有旺盛生命力，但也要一分为二地理性认识。元宇宙进一步强调用户个人行为，塑造去中心化的虚拟世界，使用者权利与义务的实施几乎仅仅依靠个人意愿，把关人作用再次弱化的背景下，达摩克利斯之剑的消解势必带来许多值得警惕的问题。

文字媒介、视觉媒介侧重私人属性，一个人也可以轻松制造信息、获取信息，外界干扰因素介入传播的程度较低。正如短视频 App 被称作"时间粉碎机"一样，表演者对观看者造成连续的视听觉刺激，无须转换思考模式，注意力毫不费力地集中在短视频表演者的一举一动上。当用户畅游在元宇宙提供的高自由度场景，极致的个人体验也可能成为一剂麻醉。人人肉身离席，人人虚拟在场，现实人际关系摇摇欲坠。而"基于声音的言语交流是一种增强现实身份、面向'他者'的传播"[22]，恰似一个连接现实世界人际关系的窗口，口语传播有益于增强个人身份认同，打破沼泽般的个人困境，在新世界居民与他人的相互掣肘间塑造虚拟世界的规则与秩序。

四、结语

元宇宙的出现照亮了一个新的媒介环境，人类传播关系也在此背景下悄然改变。"一个'观看'的时代快要结束了，而一个'体验'和'行动'的时代才刚刚开始[23]。"虚拟技术拓展人类生存、实践空间，重塑时间与空间要素，改变长久以来由大众传播塑造的传播范式。未来人们全时在线参与传播与实践，借助虚拟具身感知信息，成为媒介本身。口语传播在虚拟场景中回归，发挥着减少用户对话的疏离感、扭转失衡的传播时空、体现表达与记录私人视角、警惕迷失困境等作用。人在传播中的主体性体现在以虚拟具身参与沟通的过程中，在元宇宙中使用口语对话的意义超过功能本身，未来，随着元宇宙的不断发展和功能开拓，这个数字化新境域中展开的更多传播实践值得期待。

参考文献

[1] 李亚铭，王群. 口语传播学：一个亟待建构的新学科[J]. 编辑之友，2014(7)：65－69.

[2] 德布雷. 普通媒介学教程[M]. 陈卫星，汪杨，译. 北京：清华大学出版社，2014：272.

[3] 麦克卢汉. 理解媒介——论人的延伸[M]. 何道宽，译. 北京：商务印书馆，2000：33－34.

[4] 芮必峰，昂振. 传播研究中的身体视角——从认知语言学看具身传播[J]. 现代传播，2021(4)：33－39.

[5] 波兹曼. 娱乐至死[M]. 章艳，译. 桂林：广西师范大学出版社，2004：12.

[6] 焦宝，苏超. 智能传播伦理的技术人性与向善逻辑[J]. 中州学刊，2021(12)：166－172.

[7] 彼得斯. 奇云：媒介即存有[M]. 邓建国，译. 上海：复旦大学出版社，2020：26.

[8] 莱文森. 莱文森精粹[M]. 何道宽，译. 北京：中国人民大学出版社，2007：译者序.

[9] 喻国明. 未来媒介的进化逻辑："人的连接"的迭代、重组与升维——从"场景时代"到"元宇宙"再到"心世界"的未来[J]. 新闻界，2021(10)：54－60.

[10] 彼得斯. 对空言说：传播的观念史[M]. 邓建国，译. 上海：上海译文出版社，2017：202.

[11] 卡斯特. 网络社会的崛起[M]. 夏铸九，等译，北京：社会科学文献出版社，2001：531.

[12] 方兴东，严峰，徐忠良. 5G 时代数字传播理论与机制研究——基于人类信息传播机制演变进程

的视角[J]. 新媒体与社会,2020(2):17－33.
[13] 赵元任. 语言问题[M]. 北京:商务印书馆,1980:3.
[14] 徐生权. 传播学:追溯柏拉图还是抗击柏拉图?——从一本书的大陆、台湾两个译本的差异说起[J]. 国际新闻界,2019,41(5):166－176.
[15] 杜斯,布朗. 抗击柏拉图的阴影——人类传播研究导论[M]. 夏春祥,译. 台北:五南图书出版股份有限公司,2017:135.
[16] 麦克卢汉,秦格龙. 麦克卢汉精粹[M]. 何道宽,译. 南京:南京大学出版社,2000:410－411.
[17] 刘婷,张卓. 身体-媒介/技术:麦克卢汉思想被忽视的维度[J]. 新闻与传播研究,2018(5):46－68＋126－127.
[18] 王媛. 社交媒体时代口语传播的交互性研究[M]. 广州:暨南大学出版社,2019.
[19] 翁. 口语文化与书面文化[M]. 何道宽,译. 北京:北京大学出版社,2008:译者序.
[20] 英尼斯. 传播的偏向[M]. 何道宽,译. 北京:中国人民大学出版社,2003:27.
[21] 鲍立泉. 新媒介群的媒介时空偏向特征研究[J]. 编辑之友,2013(9):58－61.
[22] 胡泳,刘纯懿. 元宇宙作为媒介:传播的“复得”与“复失”[J]. 新闻界,2022(1):85－99.
[23] 杜骏飞. 数字交往论(1):一种面向未来的传播学[J]. 新闻界,2021(12):79－87＋94.

智能时代应急传播研究的意义边界、事件视角与主体考量

张锦涛① 周 谧② 王 维③

【摘要】 随着智能时代的演进，社会各界对于了解和掌握应急传播理论和能力的需求愈加迫切，但长久以来应急传播的研究取向却受风险传播和危机传播的影响颇深。为充分焕发其研究活力，须对应急传播的意义边界进一步明确，对应急传播与突发事件相联系的切入视角予以充分关切，并将应急传播的主体进行扩展考量。

【关键词】 应急传播；突发事件；应急管理；风险传播；危机传播

近年来，各类突发事件充斥着新闻客户端和网站，在社会公众中引起强烈反响。为有效应对突发性事件所带来的问题，政务人员、媒体人员及广大受众等都对了解和掌握有效的应急传播理论和能力有迫切需求。

整体来看，应急传播的发展日益受到重视。特别是 2008 年汶川地震之后，应急传播汲取了方方面面的经验教训，尤其对于政府部门来说，基本都建立起新闻发布会制度，当突发事件发生时，能够及时进行新闻发布，回应社会关切[1]。

随着智能时代的发展，互联网技术的进步和社会开放多元程度的逐渐加深，人们面对突发公共事件时对信息的需求越来越大，获取信息的渠道也越来越多[2]，传统的应急公开手段已经无法适配公众需求，新媒体平台已经逐渐成为应急传播的主要战场。在智能时代政务新媒体的发展与突发事件的应急管理共同演进的背景下，应急传播研究的现实意义显著增强。

一、应急传播研究的意义边界

应急传播（emergency communication）主要强调在突发事件条件下，传播主体，特别是各级党政机构、媒体作者和广大民众对传播对象的特点、机制和规则的把握。这其中，对广大民众情绪的认知和舆论的把握具有重要的意义[3]。

---

① 复旦大学新闻学院博士研究生。

② 浙江省平湖市传媒中心党组书记、主任。

③ 上海交通大学上海交大-南加州大学文化创意产业学院院长助理，讲师。

长久以来，应急传播的研究取向受风险传播和危机传播的影响颇深，因此对于应急传播的研究而言，必须首先辨析“风险”(risk)、“突发事件”(emergency)和“危机”(crisis)三大核心概念关系及由此衍生的“风险传播”(risk communication)、“应急传播”(emergency communication)和“危机传播”(crisis communication)之间的逻辑关系。童星指出：“突发事件”是各种自然与人为所造成的不幸事件，“危机”用来指代这些事件对于动态链接、复杂联系的现实世界所造成的后果，而“风险”则是造成后果(引发危机)的原因[4]。即“风险”的本质是未发生的可能性，而“危机”的本质是一种已发生的事实。风险与危机之间是潜在的因果关系，突发事件将这种潜在的因果关系进行了显性化，即突发事件连接了风险与危机两端。与此对应的，应急传播可以拓展为包括风险传播、危机传播在内的动态过程。对于“应急”而言，这种动态过程更多指的是一种情景：即突发事件的预防、爆发及恢复过程中的“紧急应对”情景，这是应急传播的最大特点。

基于上述分析，应急传播最重要的研究意义得以显现：相较于其他传播情景而言，应急传播作为一种极为特殊的情景，将在传播规律上表现出区别，这种区别可以用“两个不一定”进行概括，即在一般情景下得到的研究结论不一定适用于应急情景，在应急情景下得到的研究结论同样不一定适用于一般情景。而对这种传播规律之间的区别进行探究和把握，是推动应急传播研究的重要动力。在此分析框架之下，应急传播的内涵大大增加，其对应的研究活力也得到焕发。

二、应急传播研究的事件视角

应急传播是围绕突发事件开展的，因此应急传播的切入视角应与突发事件的性质紧密相连。依照2007年我国颁布的《中华人民共和国突发事件应对法》，突发事件可被国家官方定义为：“突然发生，造成或者可能造成严重社会危害，需要采取应急处置措施予以应对的自然灾害、事故灾难、公共卫生事件和社会安全事件。”这种措辞在基本的意义阐述基础上对突发事件进行了分类，即按照突发事件发生的过程和性质，将其具体分为自然灾害、事故灾难、公共卫生事件和社会安全事件等四大类型。与此相对的，应急传播也应在四大类型突发事件的基础上，设立不同的研究视角以开展探索和应用，如国内近两年较为关注的新冠疫情和2021年河南暴雨事件，则分属于公共卫生事件和自然灾害两个大类。考虑到突发事件的性质区别，基于不同种类突发事件的应急传播探索应表现出不同规律。

对于突发事件性质之间的区别可以通过以下论述进行解释：突发事件作为连接危机与风险的重要动态桥梁，不仅反映了危机的严重程度，同样反映了风险的累积大小。在这其中，对于危机程度的判断是基于管理学本位的，要依据突发事件的具体情况开展分析。而风险程度的判断则基于社会学的视角，可从突发事件的性质分类上予以初步定义。按照社会风险累积程度由小到大的逻辑，突发事件可依次以自然灾害、公共卫生事件、事故灾难和社会安全事件的顺序排列。社会风险累积的程度越高，则危机应对越为复杂，应急传播效果越为局限。基于此种推论，应急传播针对不同风险程度的突发事件将发挥不同程度的作用。举例而言，对于风险累积程度较低的自然灾害和公共卫生事件，应急传播往往可以在较短的时间内控制事件状态，减少突发事件所带来的各项损失。但对于事故灾难和社会安全事件，其突然爆发的背后往往积累了足够高的社会风险程度，而此类情况下应急传播的应用往往难以如意，甚至短时间内的强力应急传播手段会以干预的方式"遮盖"掉突发事件在"风险削弱"方面的积极意义，即剥离突发事件"安全阀"和"减震器"的作用，致使风险继续累积，酿成更大危机。

本文在此必须强调的是，不同类型突发事件所反映的风险累积程度大小虽然存在区别，但这种区别是连续的、渐变的，而不是跳跃的、割裂的，对于具体的突发事件要依据实际情况判断其积累的风险程度与引发危机的严重程度，达到"有的放矢"的传播目的。

另外，事件视角的应用是基于传播学的研究本位开展的，这与新闻学的研究本位有所区别。应急传播不等同于灾难新闻，仅依靠对于突发事件的报道所引发的宏观的社会关注和讨论并不是应急传播关注的重点，其本质是作为应急管理的一种手段来解决突发事件所造成的系列问题。对于应急传播特征、效果和规律的研究和把握是一个科学的过程，在这其中，每一场突发事件背后所产生的数据都应被尽可能的收集和量化，即对应急传播经验的总结是可以通过严谨细致的逻辑推理和实证研究来解释说明的。应急传播的关注不能仅停留在暂时性的热点话题上，而应将其作为一种工具来研究，才可以贡献于整个应急管理过程。

三、应急传播研究的主体考量

对于应急传播的主体而言，已有研究往往将政府作为传播过程中的默认主体，将媒体行为与政府行为进行等价，关注政府在整个突发事件过程中的态度与作为。从英文定义来看，应急传播更多指的是基于突发事件而开展的所有传播过程，这个过程的传播主体并不局限于政府，尤其在自媒体大行其道的当下，其他类型的主体如企业、社会组织和公众等，均可发挥应急传播的主观能动性。

应急传播的主体层次必然是多元的，这是由传播动机所决定的。突发事件具有突然性、爆发性等特点，往往能在短时间内聚集相当程度的公众目光，拥有极为巨大的信息"流量"。另外，突发事件的发展一般需要经历一系列的处置过程，事件后续的进展情况将持续吸引公众跟进了解，从而造成一种社会注意力的延续垄断，为高额流量的保持注入了源源不断的活力。面对如此高密度的曝光频率和井喷式的信息"流量"，各类非政府主体如企业等在开展应急传播活动时，往往夹杂着许多其他意图，从而使该类应急传播活动复杂化。即突发事件传播"流量"的背后所暗藏的价值（包括但不局限于商业价值），将吸引不同的主体"入场"应急传播。

对于政府而言，应急传播的动机较为明确。作为政府应急管理的重要部分，政务新媒体的应急传播有着明确的意图和目标。突发事件发生后，新媒体成为公众获取信息和表达意见的重要渠道，面对处于信息缺失状态的公众以及网络上真假难辨的信息，政府希望通过信息的有效传播对应急管理过程进行干预，应对和化解紧急事件。政务新媒体应急传播的目标主要包括：发布权威信息，抑制谣言滋生；搭建对话平台，了解公众需求；回应社会关切，引导舆论发展；修复和提升政府形象[5]等。

非政府主体的传播动机则较为复杂。以企业为例，面对突发事件时企业的最终目的只有盈利，这是由企业本身的性质所决定的。企业借助突发事件所开展的传播活动往往聚焦于品牌传播领域，这被称为突发事件情景下的"借势营销"活动[6]。2021 年河南暴雨期间鸿星尔克公司宣布捐赠 5 000 万元物资驰援河南灾区，此举为其博得了巨大声誉，并引发了后续网民的抢购狂潮，三日内公司全平台网店销售额突破三亿元，为其带来巨大的营销回报，形成了河南暴雨期间互联网平台上的一道靓丽风景线。从信息密度上来看，鸿星尔克公司捐款所营造出的前 10 条微博话题累计阅读量突破 60 亿，信息流强度并不亚于暴雨救灾的主流信息强度，这是企业作为应急传播主体所营造出信息流的鲜明案例。

除企业主体之外，公众也往往通过各类新媒体平台针对突发事件发声，但其传播动机较为复杂。对于公众而言，可基于受突发事件的影响分为事件的直接影响公众（即受灾公众）、志愿者公众和旁观公众三个类别，不同类别公众群体在传播行为的表现上又有区别。整体来看，由公众自身所驱动的应急响应在突发事件的应对中占据关键地位，其中，受灾公众在突发事件的报道及更新、灾情事实记录及呈现等方面扮演重要角色。2008 年 5 月 12 日 14 时 32 分，在汶川大地震发生仅 4 分钟后，一篇名为《地震了！》的博文便由西南网友在网上首先发表，而新华社首篇快讯《强烈地震发生在四川境内》的发表时间则为 14 时 52 分 52 秒。随着新媒体平台技术的不断发展，受灾群众越来越成为真正意义上的"一线记者"，其应急传播行为也作为专业媒体报道的补充，为突发事件的情况更新贡献了关键力量。

此外，志愿者公众的传播行为已经成为整体应急管理过程中的重要力量，如在汶川大地震的救援过程中，女大学生张琪在 15 日上午 10 时 40 分通过社交平台发布了《有个地方特别适合空降！就在距离汶川县城往成都方向仅 7 公里的七盘沟村山顶》的帖子，并在下午 4 时获得空军部队的采纳，解决了救援力量降落的关键问题[7]。2021 年郑州暴雨时由河南大学生所创建的《待救援人员信息》互助文档更是在 24 小时获得了 250 多万次的访问[8]。这些案例生动地反映出了志愿者公众参与应对突发事件的热情及能力。

对于旁观公众而言，突发事件往往不对其本身利益产生直接影响，因此该类公众在整个应急传播的过程中主要充当了旁观者的角色。旁观的过程同样是其作为受众参与应急传播的过程，在此期间不可避免受到传播效果的影响，从而在认知、心理和行为等方面产生变化，并跟进产生阅读、点赞、评论、转发等行为。在此期间，部分旁观公众发生由"旁观"到"志愿"的转化，逐步转为志愿者公众。

整体来看，在应急传播的诸多主体中，政府扮演着最为重要的角色，这个重要性不仅体现为政府本身在应急传播过程中发挥的业务功能，同时也包括政府利用其平台优势和公信背景开展的组织动员工作：将应急传播过程中的各主体发动并组织起来，尤其是尽可能地促进旁观公众向志愿者公众开展转化，以此来点燃应急传播过程中的多主体活力。

四、结语

我国“十四五”规划和2035年远景目标纲要提出，要完善国家应急管理体系，提高防灾减灾抗灾救灾能力。应急传播是构建应急管理体系中的重要一环，在强化公众应急意识、研判公众关切内容、畅通信息传递流程等方面发挥重要作用。在此背景下，对应急传播的意义边界、事件视角、传播主体及动机等方面开展考量将有助于焕发应急传播的活力，具有一定的现实意义。

参考文献

[1] 丁建庭. “圈群”时代新闻媒体在应急传播中的作用[J]. 青年记者，2021(17)：11-13.
[2] 党生翠. 政务社交媒体的应急传播优势[J]. 人民论坛，2018(18)：140-141.
[3] 童兵. “互联网+”环境下政府应急传播体系再造[J]. 当代传播，2017(2)：4-9.
[4] 童星，张海波. 基于中国问题的灾害管理分析框架[J]. 中国社会科学，2010(1)：132-146+223-224.
[5] 王秀丽，赵雯雯，袁天添. 社会化媒体效果测量与评估指标研究综述[J]. 国际新闻界，2017，39(4)：6-24.
[6] 彭博. 运筹帷幄，借势营销——以《变革的时代：中国与全球经济治理》营销为例[J]. 出版广角，2014(C2)：80-81.
[7] 杜骏飞，周海燕，袁光锋. 公开时刻：汶川地震的传播学遗产[M]. 杭州：浙江大学出版社，2009：163.
[8] 刘光胜，常燕民. 灾难的共同体：自然灾害中救援信息传播的中介化——以河南郑州7·20特大暴雨灾害为例[J]. 青年记者，2022(2)：52-54.

技术、时空与权力：论保罗·维利里奥与约翰·彼得斯的“后勤”思想

杨　钊[①]

【摘要】 互联网技术已深度嵌入了当代社会，成为支撑社会运转的底层逻辑，负责信息、物质、人员乃至能量供应与运输的“后勤”(logistics)值得更多的关注。本文在技术哲学的视野下考察了“后勤”的理论渊源与现实指向，研究发现，保罗·维利里奥与约翰·彼得斯都曾使用“后勤”来建构自己的技术哲学，虽然思考的语境不同，但两者的“后勤”观都表达了对技术的透明性、时空的虚拟性与权力的集中性等的关切。维利里奥将战争视为一种环境，“后勤”不仅指信息与速度的供应，还指知觉的供应；彼得斯则将媒介视为一种环境，“后勤”不仅指媒介的基础性质，也指数字媒介最重要的功能。“logistics”的核心在于“精于计算”，这无疑贴合了当前神通广大的计算技术遍布生活世界的现实。因此，以“后勤”为出发点思考现代社会的信息流动、商品流动以及人员流动，可以深入理解“身体—技术—空间”的复合关系，开阔传播研究的视野。

【关键词】 保罗·维利里奥；约翰·彼得斯；logistics；战争；媒介

当代社会是一个媒介化社会，人的衣食住行都被纳入了平台之中，上演着“平台化生存”。人们愈发离不开“社交软件”和“朋友圈”，“不在线”往往意味着与世界的脱节；“网络购物”变得是如此普遍，在危机来临时，“社区团购”甚至成为保障居民生活的重要手段；“跟导航走”成为日常习语，离开了“电子地图”，人们甚至寸步难行；网络“爆款视频”总能调动许多人的情绪，其背后都离不开“数据运营”这一令人感到熟悉而又陌生的环节。这些日常生活中的普遍现象，反映的是互联网技术统筹调节下的信息流动、商品流动和人员流动。它们是如此重要，却又发生在“屏幕”之下，隐藏于互联网的“字节”之中。我们常说“万物互联”，那么“如何能互联”是一个关键问题。因此，除了对“看得见的”技术景观的讨论之外，还应该给予“看不见的”技术运转更多的关注和思考。鉴于此，“后勤”(logistics)出现在了笔者的理论视野中，而“后勤”作为一个外来词汇，有必要先考察它在英语世界中的思想渊源与现实指向，才能更好地理解它在当代社会的重要价值。

① 四川大学文学与新闻学院博士研究生。

一、"logistics":后勤、物流与计算

"logistics"一词最早指称"后勤"及"后勤学"。相似的法语中的"logistique"指"宿营",而拉丁语中的"logista"则指"军需官",这都与军事活动中的"后勤"密不可分。有研究者指出,"logistics"的词根"log"就是表示"精于计算"的意思,"logic"(逻辑)一词也有"log"词根,在古希腊从事逻辑研究(哲学)的人首先必须是精于数学的[1]。而军事活动中的后勤管理也离不开对粮草、辎重、药品等物资的运筹与调配。无论是在我国还是西方的战争史上,"后勤"都非常重要,甚至关乎战争的胜负。1917 年,乔治·C.索普(George C. Thorpe)在《理论后勤学》一书中指出,"logistics"问题的实质就是在后勤领域的军事运筹学问题,大量的数学计算过程正是对后勤问题进行求解以寻得最佳决策方案的过程。在他看来,后勤工作既包括"有关补给的任务;运输;道路建筑及其他工程职责",也包括"地图与情报的收集和分发;通信,亦即电报及传令勤务"[2]。第二次世界大战前后,各国的军队逐渐发展成为可以自给自足的力量,对后勤的专业研究日益增多,逐渐发展出后勤学。1977 年,以色列学者马丁·范·克列威尔德(Martin van Creveld)在其《战争与后勤》一书中认为后勤的因素并不等同于物质的因素,以"精于计算"为灵魂的后勤科学应当归于"精神的东西"的范畴。后勤科学并不对如何创造战争所需要的物质负责,它所关注的问题是如何通过后勤人员的主观创造性劳动将这些物质性资源得以运用以满足作战的需求。

"二战"结束后,"logistics"的理念被运用到了商业领域,用来描述对资源的统筹与调配活动,而这一过程被称为"物流"。1963 年,美国物流管理协会(Council of Logistics Management,简称 CLM)成立,将"logistics"定义为"满足消费者需求,而对原材料、半成品、最终产品及相关信息从起始地到消费地的有效率与效益的流动与存储进行的计划、实施与控制的过程;具体包括运输、仓储、包装、物料搬运等内容[3]"。20 世纪 70 年代以来,美国一些大学大多将"物流管理"(logistics management)这门课程开设在商学院,研究物料流、人员流、信息流和能量流的计划、调节和控制的物流学迅速发展。随着互联网的兴起,物流系统与社会系统深度互嵌,尤其是算法技术的发展与应用,"智能物流""智慧物流"等应运而生,计划、调节、控制、分配物质资源与信息资源的能力大幅提高,物流系统成为社会有序运转的必要条件。

可见,在西方社会中,无论是被译作"后勤"还是"物流","logistics"一词的核心都在于"计算",即通过对物质、人员、信息等资源运输的计划与调节,实现时间效益与空间效益的最大化。在和平与发展成为主题的现代社会,"logistics"主要被译作"物流"或"物流学","后勤"这一带有军事色彩的含义逐渐从主流舞台中退场。然而,现代传播学的创立发展与军事活动密切相关,作为"后勤"的"logistics"曾在一些媒介理论家的著作中被提到,甚至被用来建构自己的核心理论。因此,在"计算"无所不在的当今社会,我们不妨退回到"后勤"这一"logistics"最初的含义,去考察它哲学层面的丰富意义。在这些理论家名单中,法国学

者保罗·维利里奥(Paul Virilio)①与美国学者约翰·彼得斯(John Peters)②最值得关注。不仅在于两位学者都是当前学界的“热门人物”,更重要的是,他们所理解与阐释的“logistics”,超越了对后勤现象的简单描述,而赋予了“后勤”本体论意义。值得一提的是,两位学者学术生涯的活跃期并不重叠,公开资料中也并无显示有何交集,在各自的著作中也从未提到彼此,但两者都将“后勤”作为建构哲学思想的关键词。那么,他们如何理解“后勤”,并在何种意义上使用了这一概念?共同的关注点是什么?对我们的传播研究有何启示?本文试图通过对两者思想的梳理凸显“后勤”在媒介化社会的重要价值,以此出发来理解技术、空间与人的互嵌,丰富传播研究的想象力。

二、战争作为环境:保罗·维利里奥的“后勤”③观

战争始终是维利里奥哲学思考的中心,他经历了“二战”,并生活在冷战的氛围中。在《地堡考古学》《领土的不安》《速度与政治》等著作中,维利里奥论述了战争作为一种“环境”的现实性与重要性,“它(战争/军事)不仅对智力和对诸身体予以规训(disciplining),或者对在国内外战争的战场上发展起来的那些个体行为惯行予以消除(elimination),而且还是整个工业世界的伦理行为准则”[4]93。战争的逻辑成为社会的肌理,对于社会空间、技术乃至人的身体都产生了深刻影响,以此出发,他发展出了“军事后勤学”与“知觉后勤学”的理论。

1. 军事后勤:空间中的速度竞争

维利里奥曾在《速度与政治》中提出过军事后勤学(military logistics)概念。“对维利里奥来说,战争首要是一个后勤问题,即武器采购……他首要感兴趣的是战争的空间,以及遍布这个空间的军队、武器、物资和信息之调遣(the movement),然后还有军事空间随后开始塑造社会政治空间的方式[4]93。”物资的补充,阵地的布置,情报的获取,武器的创新等军事后勤不仅关乎战争的胜负,也对城市空间的规划,建筑的设计,乃至摄影技术的发展产生了深刻影响。早期维利里奥作为城市建筑学家和法国建筑师克劳德·巴夯(Claude Parent)创办了《建筑原则》杂志,负责过“倾斜建筑”项目,考察“二战”以来的都市建筑风貌。在他看来,“二战”以来主流的欧几里得式建筑体现了军事后勤的思想,其实质通过空间的规训以实现对效益的追逐。而要理解军事空间和社会政治空间等空间,就先要理解“速度”问题。“我们无法正确接近社会、政治或军事历史的现实,除非我们首先认识到社会空间,政治空间和军事空间在一种决定性的和基础性的层面上是由移动介体(vectors of movement)

① 保罗·维利里奥,当代著名政治思想家、哲学家,20世纪70年代以来相继出版了《领土的不安》(1976)、《速度与政治》(1977)、《消失的美学》(1980)、《批判空间》(1984)、《否定的视域》(1982)、《马达的艺术》(1933)、《解放的速度》(1995)、《事件的风景》(1996)等,被认为是“当今法国最重要和最富激励性的文化理论家之一”。

② 约翰·彼得斯,美国著名媒介史学家与传播理论家,著有《对空言说:传播的观念史》(1999)、《取悦深渊:自由言说与自由传统》(2005)、《奇云:媒介即存有》(2015)、《撒播知识:历史中的信息、图像和真理》(2020),被称为“美国传播学界的稀有动物”。

③ 维利里奥在其著作中使用的法语原文为“logistique”,约翰·阿米蒂奇(John Armitage)与伊恩·詹姆斯(Ian James)等主要引介者都在英译本中将其译为“logistics”,本文采用的维利里奥的相关概念均是英译本中的翻译。

和这些移动介体所能达到的传递速度来塑造的[4]39。"在这里，速度如同"后勤"，也超越了战争中的"兵贵神速"，而具有了塑造社会的本体论意义。维利里奥从军事战争里的后勤运输与情报传递速度引申到了社会存在之速度，运输与传播的日益加速支撑着社会发展。速度不是表象，而是本质，也成为维利里奥理解社会政治经济的独特切入点。他曾提出一种"速度政治经济学"，试图以此弥补传统政治经济学的不足。速度的竞争是军事后勤学的重点，提升速度的要求促使军事技术的不断升级，高速摄影机、超音速飞机与卫星等工具的发明显示出"竞速学"的重要价值。

在他看来，竞速学是"一种隐藏的科学"，既是对生命科学的一种后勤补充，又是对生命科学的一种后勤增补。"它就是掌管生产的各种运输工具和通信工具，到了今天，竞速学显得像是一门其理论采用载具形式的科学[4]57-58。"在此，维利里奥又使用了"后勤"来说明"竞速学"的重要意义。他想要提醒我们注意的是，技术进步使得运输工具与通信工具的运转速度不断加快，给我们带来一种"实时"(real time)感，这种实时感拥有"炸弹"般的威力，使得大众卷入其中，维利里奥称之为"信息炸弹"。"由于穷尽了设计新的加速系统的可能，整个世界被还原为一个独一无二的时间、一个独一无二的情景，这么做是史无前例的意外，是前所未有的历史意外……第一炸弹是原子弹，而第二炸弹是信息炸弹，也就是，把我们抛进实时的炸弹。我认为，人们对计算机性能的看法也适用于注视世界的能力，适用于塑造世界、驾驭世界的能力，以及在世界中生活的能力[5]。"在维利里奥看来，计算机系统在军事武器中的应用大大提升了作战的效率，也改变了作战形态。他用对海湾战争与科索沃战争的分析证明，无处不在、无所不包的信息会影响人的知觉和心理，感知场域的非物质性的视觉媒介的胜利超越了物质性的胜利。关注物质资源的军事后勤学也让位于关注视觉效果的知觉后勤学，"预期和无所不在是战争的要求，距离或各种突出的障碍不应阻碍情报或侦查。一方面，你必须观察一切，聆听一切，知道一切，而另一方面，你必须制造出比任何自然所赐予的东西不知道要严密多少倍的伪装和屏幕"[4]110。战争需要制造出可以跨越距离与障碍的技术设备，以帮助后勤人员搜集情报和侦查，伪装和屏幕则可以影响人的视觉，达到心理战的目的。

2. 知觉后勤：身体层面的知觉供应

在《战争与电影》一书中，维利里奥将战争与电影联系在一起，认为两者的逻辑都在于影响人的知觉。他用"知觉后勤学"(logistics of perception)来说明知觉在战争中的重要作用，飞机携带的高速摄影机可以获取清晰的军事情报，而电影则可以进行战争动员与宣传，这些知觉供应发挥的作用不亚于粮草弹药的供应。他甚至认为原子弹的真正威力不在于物理层面的伤害效果，而在于给人带来的"意外震撼"。与"军事后勤学"相同的是，维利里奥的"知觉后勤学"并不局限于对战争的讨论，而是从战争出发，思考主导知觉供应的"视觉机器"给人与社会带来的影响，关注技术与身体问题。维利里奥认为，知觉后勤学首先应用于军事侦查中，"飞机在发明伊始并不是用来作战的，而是用来配合摄影和电影技术，进行军事侦查的。飞机结合镜头的快速拍摄，后来再结合无线电系统，使得军事信息几乎瞬间送达军事决策者的手中。手绘地图等传统的获取战场信息的手段因而迅速被扫进历史的角落”[6]。自此,战斗的场域变为知觉的场域,知觉的供应决定了战争的胜负。“除了军队的‘摄影部’负责对平民进行宣传,还有‘影像军事部’负责把对一场战争中战术的再现和战略的再现整体地提供给战士,提供给坦克驾驶员以及战斗机飞行员,特别是提供给负责兵力部署的高级指挥官[7]。”

而到了影像技术高度发达的20世纪后期,维利里奥又提出知觉层面的“再现”才是战争的关键。“这种‘知觉后勤’的决定性重要地位”脱颖而出,而在其中,冲突“现在是一种影像和声音的战争,它取代了实物的战争[4]113”。与此同时,电影等视觉机器的广泛应用已经使得知觉后勤融入了现代社会,知觉信息不再只是战争中的军事信息,而是现代人日常接触的视觉信息。这类视觉机器与人的身体深度互嵌,甚至会影响现代人对世界的感知与理解。维利里奥用“技术假肢”(a technical prosthesis)来描述望远镜、摄影机等技术设备,认为它们可以“使得我们能够去修改或扩展我们看到的方式”,知觉后勤可以影响我们对时间快慢与空间远近的认知。“正是这种可视假体模型,这个望远镜投射出一幅我们够不着的世界的影像以及一种穿梭世界的不同方式;知觉后勤开辟了这种凝视方面的一种未知转移,它创建了近与远的伸缩,这样一种加速现象废除了我们关于距离和维度的统握[4]77。”

总之,维利里奥将战争视为一种环境,是现代人无法逃脱的“生存状态”。后勤与战争密不可分,自然也处于维利里奥思考与阐释的中心。他从战争出发,提出了“军事后勤学”与“知觉后勤学”,对于隐匿其中的空间、速度、技术、身体乃至艺术问题进行了揭示。他所理解的“后勤”,不仅指战争中情报的侦查、物资的运送、空间的组织,也指人的身体与客观世界之间的知觉供应。“电视寄生在关于此时此地的清晰知觉上”,由于这类视觉机器的存在,现代人对于世界的观看由直接观看转为了间接观看,给人提供了一种即时感、邻近感和当下感。而在维利里奥看来,这种“身临其境”(being there)方面的虚拟性必然会模糊所有复杂的物质、文化和商业过程。“相比于生活自身的活生生现实(the lived real)而言,某种普遍化了的远程景观(tele-spectacle)或远程影像已经取得了支配地位,就可以被看作是一种非常紧急和迫切的关切[4]86。”他指出现代后勤设备虽然供应了许多影像,可以使人们实现虚拟性的“远程在场”,但重要的是这些后勤技术的制造者所代表的商业利益与意识形态。

三、媒介作为环境:约翰·彼得斯的“后勤”观

维利里奥在“战争”这一语境中思考了后勤及后勤学,约翰·彼得斯则在“媒介”这一语境下探讨了后勤这一概念。彼得斯所理解的“媒介”,并非是出现在公众眼前的各类新闻媒体与新闻报道,而是“环境”本身。“媒介一般都被视为讯息和意义的发布者,一般被认为是有影响力的,但极少被认为具有基础性(infrastructural)作用,它们是前景(figure)而不是背景(ground)[8]6。”作为“背景”的媒介不仅是“传者撒入受众脑中的符号性内容(semiotic inputs)”,而且是我们“栖居之地的组成部分”。他遵循了海德格尔与基特勒等

人的观点,"视媒介为文化和社会所采取的战略(strategies)和战术(tacties),视媒介为人、物、动物以及数据借以实现其在时空中存有的各种装置和器物"[8]21。换言之,媒介整合了人类社会和自然界的资源,并成为一种生存方式。在此基础上,"后勤"出现在了彼得斯的理论视野中。

1. "后勤型"是媒介的本质

对于彼得斯而言,当前无所不在的数字终端与计算使得媒介本质的重要性凸显了出来,"无处不在的计算要求我们从媒介讯息的分析转向到对媒介本质(the nature of media)的分析,以及'将自然视为一种媒介'(the media of nature)的分析"[8]9。那么,什么是媒介的本质?在他看来,"所有媒介并非表意,它们本身即存有。媒介是我们'存有'的基础设施,是我们行动和存有的栖居之地和凭借之物"[8]17。彼得斯将其观点称为"基础设施主义"(infrastructuralism),试图以此建构一种"媒介哲学"。巧合的是,"基础设施"这一概念,也来源于"二战"中英国政府与冰岛政府关于修建军事机场的争端。在彼得斯看来,基础设施指大型的、耐用的和运行良好的系统或者服务,可以能够跨越的时间和空间将人和机构联系起来。在此意义上,媒介的本质在于联系人和机构乃至万物的系统,隐蔽于表面之下,处于"中间状态",是基础性设施,"即那些立于表面之下的(understanding)媒介"。彼得斯在《奇云:媒介即存有》一书中用"后勤型"来描述媒介的影响,甚至将后勤功能视为媒介的本质。

如何理解媒介对我们产生的影响?基础设施主义为我们提供的一个视角就是将其视为在本质上是后勤型的(logistical)。我称具有基础性作用的媒介为"后勤型媒介"(logistical media)。这类媒介的功能在于对各种基本条件和基本单元进行排序。如前所述,记录型媒介压缩时间,传输型媒介压缩空间,它们都具有杠杆(leverage)作用,而后勤型媒介则在它们的基础上更进一步,具有组织和校对方向的功能,能将人和物置于网格之上,它既能协调关系,又能发号施令。它整合人事,勾连万物[8]42-43。

在彼得斯看来,相比于哈罗德·英尼斯(Harold Innis)所提出的"杠杆作用","后勤型"更能凸显媒介"整合人事,勾连万物"的作用。他还借用了麦克卢汉的名言"媒介即讯息"来强化后勤型媒介的重要性。"它奠定好基础,让我们能在其上区分自然和人工;它跨越海洋、大地、空气、地外空间和虚拟空间,无所不在[8]22。"虽然彼得斯对于媒介的定义与描述过于宏大,但其基本的立场仍在于将媒介视为"社会秩序提供者",关注媒介的历史,着重考察媒介技术如何深层次地塑造人们的心理状态以及社会秩序。因此,"媒介的本质是后勤型的"这一论断的关键在于说明媒介承载了社会资源的流通,发挥着"组织和校对方向""协调关系和发号施令""对基本条件和基本单元进行计算排序"等作用,是文明甚至存有的历史性构成因素。

2. 数字媒介即"后勤型媒介"

媒介发挥后勤型功能的历史相当悠久,彼得斯认为,记事簿、索引、历法、字母表、数字等旧媒介就是被用来“记录、传输和加工文化，用来服务君王、统治臣民和管理数据，还用来组织时间、空间和权力”[8]26。当彼得斯将历史的眼光转向当前社会，谷歌、脸书等数字媒介已占据了人们日常生活的中心。在他看来，连接万物乃至“云端”的数字媒介也是一种基础设施，它们是大型系统的“界面”(interface)，发挥着“门”的角色，都通向更大和更隐蔽的系统。而要发挥这一角色，离不开计算系统的支撑。收集、挖掘、分析人口数据等仍然是传播系统的基础性功能，旧媒介退到了后台，变得更加“本体化”。“现今所谓的新媒介已经将媒介具有的‘后勤型功能’推到了舞台的中心。如今通过数字媒介，用户的网络使用行为可以不断被添加标签、阅读和跟踪，使我们想起历史上早已存在的通过数据管理来巩固权力、获得利润和寻求宗教慰藉等古老又现代的行为[8]8。”新旧媒介在功能层面非常相似，彼得斯更愿意使用“大众媒介”与“数字媒介”来区分互联网时代前后的媒介形式。

与20世纪的大众媒介不同，数字媒体传播的主要不是内容、节目或观点，而是组织、权力和计算。大众媒介为整个社会提供标准格式的新闻和信息，而数字媒介扮演的更多是所谓“后勤型设备”(logistical devices)的作用——帮助用户记录踪迹和辨别方向。数字媒体复活的是古老的导航功能：为我们指明时间和空间，给我们的数据建立索引，确定我们的坐标[8]8。

在彼得斯看来，数字媒介与大众媒介的不同之处在于它不仅使得“人类身体各种被中介化”，而且“激活了更古老的数据使用方式”。数字媒介充当了地图与数据库的角色，是用户与其行为之间的桥梁。“数字媒介指向了各种最为基础的功能——规制和维护，这些功能体现在数据怎样支撑着我们的存在；数字媒介也指向人类的地球栖居中处于核心地位的各种技艺[8]9。”互联网是最大的“后勤型设备”，成为现代社会的“栖居之地”。“互联网很快成为整个地球的数据生命线，成为一个吞噬所有其他媒介的媒介。无论我们将互联网视作何物，它都是一台记录型机器，它既服务于又折射出人们的储存狂热(storage mania)[8]342。”与“后勤”处于战争中的“后端”相似，“媒介”通常被认为处于“中端”的位置，而数字媒介作为“后勤型媒介”，控制了互联网数据的收集、计算与应用，影响了我们的时空感知与生存方式，其意涵主要不在“意义”，而在“权力”和“组织”。

总之，彼得斯使用“后勤”这一隐喻来表征他的“基础设施主义”媒介哲学。一方面，媒介的本质就在于“后勤型的”，所有具有“运送、计算、管理”等后勤功能的存在都被其视为媒介，如海浪、船、火、历法、时钟、塔楼乃至身体。彼得斯就将“船”视为一种能够揭示媒介和世界之间若隐若现的本体论关系的“主媒介”(arch-medium)。“船使我们想到‘传播’和‘运输’(transportaion)之间自古便有的相互联系，也让我们想到‘运送’(conveyance)这一词所承载的深刻含义[8]114。”另一方面，拥有强大计算能力的数字媒介重新激活了“媒介”的“后勤型”功能，并“锚定了我们的生存状态”。彼得斯将媒介视为自然和文化两者的拼接(assemblage)，“它们只对某个特定物种，以某种特定方式，通过某种特定技艺(techniques)才成为媒介”。而互联网扮演了“技艺”这一角色，“我们可以将互联网视为一种存在方式，它在塑造环境的基本能力上,在某些方面已经类似于水、空气、土地、火或以太”[8]57。就此而言,数字媒介即“后勤型媒介”。

四、“后勤”思想的现实指向

当代社会是一个充满了现实战争与战争隐喻的社会,反恐战、贸易战、信息战、金融战、病毒战……人与人、企业与企业、国与国乃至人与自然的冲突层出不穷,社会的不确定性日益增多,人类生存于风险社会①之中。当代社会也是一个媒介社会,人与人、人与物、物与物都通过各类媒介建立了连接,社会政治、经济、文化日益媒介化,人类也正上演着“媒介化生存”。换言之,我们所处的生活环境,既是战争环境,也是一种媒介环境。那么,该如何理解“战争”与“媒介”双重属性交织的当代社会?维利里奥与彼得斯的“后勤”思想提供了切入点。如上文所述,维利里奥从知觉现象学的路径出发探讨了“后勤”的价值;彼得斯则从存在主义哲学的视角思考了“后勤”的意义。在他们那里,“logistics”都超越了军事中的“后勤”与商业领域的“物流”概念,回归到核心的“计算”。虽然两者的出发点不同,但都在各自的哲学建构过程中,揭示了现代技术对于时间、空间乃至人身体的塑造,以及隐含其中的权力问题。此外,“媒介”也同时在两者的理论体系中出现,如果说维利里奥只是将电影、电视这类大众媒介作为解释其“知觉后勤学”的案例,那么彼得斯则将媒介视为人的“生存环境与生存状态”,其本质在于“后勤型的”,是支撑社会与自然的基础设施。两者所关注的当代社会“后勤”问题,共同指向的是技术的透明性、空间的虚拟性与权力的集中性。

1. 后勤型技术:信息的供应与运输

后勤型技术,即为人、组织、社会供应信息、物资乃至能量的技术。当代社会的后勤型技术,既包括提供视觉供应的如电影、电视技术,还包括提供听觉供应的数字音频技术,也包括提供触觉供应的 VR、AR、MR 技术。简言之,就是将人与外部世界相连接的信息技术,承担着信息的供应与运输功能,使得“可视知觉”(visual perception)得以可能。维利里奥将健康人所使用的各类扩展感知的装置以及加速运动的工具都称为“技术假肢”,如电子图像、电子音响与电子传感器等,这些技术产品替代了我们的身体感官,与生活世界的直接接触变为了间接接触,形成了一种“透明度新秩序”。“技术产品在使用中既有相对透明(自我消隐)的一面,又有遮蔽、疏离的一面……技术制品在发挥功用时,总是将自身转化为身体的构成物,从而获得知觉的透明性[9]。”在维利里奥看来,从透明玻璃、望远镜镜头到无线电传递与电子脉冲传递的发展,表明技术的“透明性”在当代社会达到了顶点,遍布整个社会的科技已经形成了一种“科技意识形态”“既是一种对人的社会之整体进行组织的模式,又是塑造了集体性的现实观的形而上轮廓或信仰系统[4]108。”后勤型技术不仅可以影响人的

① 乌尔里希・贝克(Ulrich Beck)认为,工业社会在为人类创造了巨大财富的同时,也为人类带来了巨大的风险,人为制造的风险开始充斥着整个世界,在工业社会以后,人类已经进入一个以风险为本质特征的风险社会。

心理,态度和行为,甚至可以组织社会。彼得斯强调过媒介的“透明性”,在他看来,“媒介的一贯表现和一般品质是为了彰显别的人或事而将自己遮蔽隐藏起来[8]39”。并且,各式各样的后勤型技术已经成为基础设施,塑造了人类生存的环境,乃至成为环境本身。“现在,我们的环境已经被技术如此渗透,我们的空域和海洋已经被交通工具如此改变,我们的技术(如谷歌)已经如此成为生态系统的一个主要影响因素[8]9。”

当前,互联网技术深刻影响着社会,不仅人在上演着“数字化生存”,整个社会都在进行“智能化转型”。计算机、手机等智能终端的互动界面越来越“透明化”,承担信息供应与运输的媒介技术隐蔽在“屏幕”之下,制造出人们所体验到的“即时感”“邻近感”或“当下感”。维利里奥与彼得斯对于“后勤型技术”的阐释表明,我们不应忽视那些“看不见”的技术带来的影响,而是要去发现“那些没有显现的东西的丰富、丰裕,那看似不在的东西的生命”,揭露技术与人、物、社会更为基础的关联。在两位学者看来,“技术的透明性”使得身体与技术的结合日益紧密,与其说“媒介是身体的延伸”,不如说“身体是媒介的延伸”,身体的“在场”与“缺席”会影响人们对于时间与空间的体验,生活世界演变为“后勤型时空”。

2. 后勤型时空:身体的在场与缺席

维利里奥曾指出,后勤的核心在于对时间与空间的控制,“战争的本质在于攻击与防御的相对速度”,而军事后勤技术对于时间与空间的组织方式,影响了现代社会政治生活。维利里奥的关注点在于“(军事)技术和速度—空间是如何相互作用以制造多种可能的空间组织化从而形成集体性的经验和意识,即社会政治生活的一些基本元素的”[4]10。他遵从了现象学“经验空间”的理论传统,认为时空的组织与移动依赖于人的身体定位,而后勤型技术对于身体的塑造以至于影响了人们对时间与空间的知觉。在他看来,通过技术实现的“远程登录”改写了时间与空间的定义,“这就是真实时间的远程技术学所实现的东西;它们由于将‘当前’时间与它的此地此刻相孤立而杀死了它,为的是一个可换的别处,而这个别处已不再是我们在世界上的‘具体在场’的别处,而是一种‘谨慎的远距离在场’的别处”[10]。在后勤型空间中,时间与空间都被重新定义与改写,视觉媒介提供的虚拟性的实时在场为人们建造了一种“后-城邦”,传统的地理“消失了”。相似的是,彼得斯将媒介视为“容器”,可以用来储存、传送和加工信息,更被用来组织时间、空间和权力,而“身体是所有媒介中最基本、最富有意义的媒介”。在互联网这一后勤型空间中,彼得斯同样思考了“远程在场与(肉身)在场”的区别与联系。在两位学者那里,技术打造出来的“后勤型时空”为人们提供了一种虚拟性的“实时”与“在场”,并已成为社会的主流经验模式。而如果“实时即将压倒实空,影像正在压倒实物(the object),虚拟性即将压倒实际性(actuality)”[4]88,此时身体的“在场”与“缺席”就成为理解生活世界的关键。

有研究者指出,移动网络时代的地理媒介,将在场、远程在场、虚拟远程在场加以融合,创造更加多元的在场和缺席状态[11]。短视频等视觉机器所营造的“后勤型时空”使得维利里奥所言的“后-城邦”成为现实。“视觉机器就是人们的生活环境,这种环境是一种无地点、无时序的界面,它消解了真实的地理。”而“后-城邦”不仅让真实世界濒于消失,还挤压着个体的生存空间,弱化人的交往行动能力[12]。人们通过在线登录实现了“技术具身”,在短视频、电视剧、电影、游戏等虚拟空间中与他人互动交流并沉浸其中,上演着"数字化生存"。然而,"无处不在的远程登录替代了具体的时空在场,先天的电子综合构架可以以遥控的方式座架我们每一个人的现象生成,同时它也必然成为全景监控的替代工具"[13]。当"后勤型技术"与"后勤型空间"无处不在与无时不在,决定资源控制与分配的"后勤型权力"也愈发重要。

3. 后勤型权力:资源的控制与分配

古罗马曾设置"行政官"和"军需官"(logista),来保障和管理后勤,此后一直到现代社会,都设有专门的机构来负责对后勤的组织。后勤型权力即掌握信息、物资乃至社会资源供应、调节和分配的权力。作为后勤型技术的大数据在当今社会发挥着越来越重要的作用。有研究者指出,大数据与数字互联网企业通过人类产生的数据来测量人类社会运行的每一个领域,并通过数据整理与分析相对精确地管理和控制社会[14]。数据成为一种社会资源,但这一资源却被互联网企业代表的数字资本所控制,并通过算法技术进行分配。大众使用互联网获得便利的同时,也生产出了大量的数据,被互联网企业用来进行再生产,以获得更多的利润,有研究者称之为"数字资本主义"。在数字资本主义时代,数字资本利用大数据实现了对劳动有意识的控制,改变消费者和商品的关系,控制各生产要素间的协调,但同时也使资本对劳动力的剥削更加隐蔽与温和[15]。因此,当前社会将控制与分配互联网资源的权力也视为一种"后勤型权力",这一权力被少数人所掌握,被"互联网民主"的迷思所遮蔽。维利里奥曾用"巨人症"来描述互联网时代的信息垄断现象,"当然,技术每加速一次,经济的积累和集中也随之发生。比如,今天,我们就在目睹一种企业的巨人症,不管它采取了时代华纳(Time Warner)的形式,还是比尔·盖茨(Bill Gates)的形式。我们看到,从垄断法的终止中诞生了垄断,所有这些发展都促成了命令的集中化。此刻,我们得知,因特网正带给我们位置和时间上的自由,但我们也看到,信息垄断恰好也在出现"[5]。彼得斯也用"圈地化"来说明后勤型权力的过度集中。"在网络空间,网民的任何行为都留下了足迹(即某种类型的记录),为那些能接触这些足迹并具有阅读工具的人提供了潜在的数据。这使得原本是公共空间的互联网越来越被'圈地化'(enclosure),这种'圈地'增加了某些特定阶级的财富,强化了他们手中的权力[8]8。"

可见,互联网技术与社会的深度互嵌既使得大众获得了更多表达与展示的权利,也造成了商业利益对技术使用者的侵蚀。"一种视觉机器所介导并记录下来的那种被置于视觉之上的价值,它的最初制造或最终输出被嵌入各种工业过程和商业利益之中……新型的视觉工业化,建立了一个名副其实的合成式知觉的市场[4]87。"在这个"合成式知觉的市场"中,"知觉"也成为一种商品,被纳入商业资本的生产体系之中。"后勤型权力"指向对互联网技术的反思与对权力的审视,这提醒我们要关注掌控了"后勤型权力"的特定阶级,避免"精于计算的人"掌握过多的权力。正如彼得斯所言,"今天我们的主要任务之一,就是要让各种挖掘和解读大数据工具民主化,让更多的人掌握它们,这样才能将倒向计算机怪才的权力天平拨正[8]9"。

五、结论

本文梳理了两位学者保罗·维利里奥与约翰·彼得斯的“logistics”观念。维利里奥将战争视为一种环境，“后勤”不仅指信息与速度的供应，还指知觉的供应；彼得斯则将媒介视为一种环境，“后勤”不仅指媒介的基础性质，还指数字媒介最重要的功能。两位学者“后勤”思想指向的是“信息的供应与运输”“身体的在场与缺席”“资源的控制与分配”等现实问题，技术的透明性、时空的虚拟性与权力的集中性是两位学者的共同关切。“logistics”的核心在于“精于计算”，这无疑贴合了当前神通广大的计算技术遍布生活世界的现实。因此，从“后勤”的角度去理解传播、理解媒介，具有必要性与紧迫性。尤其是在城市传播研究中，“隐蔽”而又重要的“后勤”及“后勤学”值得更多的关注。一方面，城市中存在各式各样的“后勤型媒介”，它们将城市中的人、组织、物体联系在一起，承载了物质的流动、人的流动、信息的流动，编织了物质与意义的流通网络；另一方面，“后勤型技术”深度嵌入了现代社会，城市作为一个巨大的“后勤型空间”，不论是人类还是物体都生存于其中，“技术—身体”“时间—空间”“身体—空间”的互动随时都在发生，我们需要理解与把握这一空间的“后勤型”意义。彼得斯曾借用麦克卢汉“梦游症患者”(somnambulists)来描述人对隐蔽环境毫无意识的状态；维利里奥则用“失神癫患者”说明技术可以帮助人与世界短暂脱离，恢复对身体的自由掌控。“媒介后勤学”的核心关切就在于从“梦游症患者”到“失神癫患者”的转变，媒介技术只是工具，而人才是工具的掌控者。

参考文献

[1] 刘志伟，曹炳镝，万承贵. 对西方“后勤”概念核心内涵的几点认识[J]. 军事经济研究，2007(9)：78－80.
[2] 索普. 理论后勤学[M]. 张焱，译. 北京：解放军出版社，2005：2.
[3] 王述英，王青，刘彦平. 西方物流理论发展与比较[J]. 南开经济研究，2004(2)：107－112.
[4] 詹姆斯. 导读维利里奥[M]. 清宁，译. 重庆：重庆大学出版社，2020.
[5] 维利里奥，基特勒. 信息炸弹：一次对谈——与弗里德里希·基特勒的访谈[J]. 尉光吉，译. 文化研究，2020(2)：3－14.
[6] 郑兴. “速度义肢”“消失的美学”和“知觉后勤学”——保罗·维利里奥的电影论述[J]. 文艺理论研究，2017(5)：201－208.
[7] 阿米蒂奇，李会芳，常海英. 20世纪军事战略家保罗·维利里奥：战争、电影与知觉的后勤学[J]. 文化研究，2013(5)：239－247.
[8] 彼得斯. 奇云：媒介即存有[M]. 邓建国，译. 上海：复旦大学出版社，2021.
[9] 伊德. 技术与生活世界[M]. 韩连庆，译. 北京：北京大学出版社，2012：79.
[10] 维利里奥. 解放的速度[M]. 陆元昶，译. 南京：江苏人民出版社，2004：15.
[11] 孙玮. 交流者的身体：传播与在场——意识主体、身体-主体、智能主体的演变[J]. 国际新闻界，2018(12)：83－103.
[12] 吴诗琪. 竞速政治与时空演变：论保罗·维利里奥的后勤学空间理论[J]. 文艺理论研究，2022

(2):117-125.
[13] 张一兵. 远托邦：远程登录杀死了在场——维利里奥的《解放的速度》解读[J]. 学术月刊，2018(6):5-14.
[14] Fisher E. Media and new capitalism in the digital age: the spirit of networks [M]. New York: Palgrave Macmillan, 2010.
[15] 蔡万焕，乔成治. 大数据、数字化与控制：数字资本主义的政治经济学分析[J]. 当代财经，2022(6):3-11.

物质、技艺与姿态

——基于平板电脑的传统书法数字化书写

霍新悦①

【摘要】 平板电脑与触控笔的广泛使用，在书写领域引发了新的实践。本文将书写视作一种文化技艺，对十位兼具传统书法研习经历和数字化书写经验的爱好者进行访谈，旨在探讨包含传统书法元素的书写如何在新媒介发生，作为物质基础的电子设备在其中扮演了怎样的角色，又导致书写姿态发生了怎样的变化。研究发现，书写工具对书写风格的影响一贯存在于书写的历史中，以平板与触控笔为代表的新书写媒介改变了书写者的发力、坐姿等身体姿势，作为数码物的笔刷与底图也构建了新的书法创作环境。数字化书写的可删改性与便携性改变了书写情境。姿态与书写情境发生变化时，基于身体经验被调用的传统书法技艺与新媒介培养出的新姿态相融合，调适出一种新的文化技艺形态。

【关键词】 传统书法；数字化书写；文化技艺；姿态；物质性

在大学读汉语言的小酒正在上专业课，她习惯用 iPad 和 iPad pencil 的无纸化方式记录课堂笔记。当老师讲到柳永《八声甘州》中一句"关河冷落，残照当楼"时她颇有感触。于是她打开了平板电脑上的绘图软件 *Procreate*，使用前几天从微博好友那下载的水墨质感笔刷，配上具有古代碑帖风格的底图设计，写下"残照当楼"四个字。拥有书法基础的小酒把这张图发布在自己的社交媒体账号上，收获了不少称赞。

以上是一个典型的基于平板电脑的传统书法数字化书写场景。根据第 49 次中国互联网络发展状况统计调查，有 27.4%的网民使用平板电脑上网。在本文中，我们讨论的平板电脑以苹果公司于 2010 年发布的 iPad 为代表，是一类轻薄便携、具有操作系统，能够上网，以触摸屏为基本输入方式的设备[1]。作为工具的平板电脑的广泛使用，也在书写领域引发了更多的新实践。专为平板电脑设计的绘图软件（如 *Procreate*，*Zen Brush*，*Artstudio Pro*），为传统书法的数字化书写提供了创作环境。因趣缘而聚集的书写爱好者，在社交媒体上也产生了一定的影响力。例如，截至 2022 年 6 月 19 日，在被书写爱好者广泛使用的软件 *Procreate* 新浪微博超话中，有 11.2 万帖子，29.1 万粉丝，阅读量达到 7.9 亿。基于上述背景，本文希望探讨传统书法元素的书写如何在新媒介发生，作为物质基础的电子设备在

① 清华大学新闻与传播学院硕士研究生。

其中扮演了怎样的角色，又导致书写姿态发生了怎样的变化。

一、文献综述

1. 中国传统书法与新媒介

传统书法作为中国文化中独树一帜的艺术形式，其相关著述颇丰，主要集中在书法史的梳理、书法家艺术风格的分析、特定碑帖的考据以及纸张笔墨的制作工艺与艺术表现力分析等领域。丘新巧认为"真正'艺术地'进入书法，就意味着关注其中发生的每个细节，关注其中的空间、线条、色彩、文辞和物质媒介等各个因素"[2]。由此可见，媒介物质性的视角与传统书法研究存在很大的张力。王珊等学者立足承载传统书法作品的纸张媒介，探讨了唐代名噪一时的"薛涛笺"如何勾连文人群体，并影响当时的诗歌唱酬文化[3]。汪映雪从作为书写工具的毛笔出发，用媒介考古学的视角分析毛笔的历史演进，结合重要碑帖进行分析，认为不同的材料会表现出不同的艺术风格[4]。陈海良在关于传统书法的用墨技巧研究中，关注到了墨的质地类型对书写的影响，例如，苏轼、黄庭坚的作品墨法极浓，便与宋人时兴油烟墨有关[5]。不难发现，以往从媒介视角切入的书法研究，主要都集中在对传统文房四宝等的书写工具的分析上。

面对新的数字化技术，带有复古怀旧意味的手写成为良好的商业营销模式，手写在广告设计中的运用及效果受到学者的重视[6-7]。将书写与现代化的博物馆展览结合，也是拓展传统书写的交流功能的重要方面[8]。王佳宁则关注现代书法的图式变化，"书法已由传统的文人把玩，演化成展厅、博物馆甚至室外展示的一种视觉艺术[9]"。由此可见，数字化时代的书写在商业、博物馆策展、当代艺术等方面扩充了内涵。过往研究既包含从物质视角对传统书法的研究，也包括新媒体环境下当代书写与更广泛的社会领域的勾连，但关注新媒介环境下传统书法的具身书写实践的研究较少。由此，本文提出以下研究问题。

研究问题1：包含传统书法元素的书写如何在新媒介（如平板电脑与触控笔）上发生？

研究问题2：作为物质基础的电子设备（如平板电脑与触控笔）在传统书法的数字化书写中扮演什么角色？

2. 文化技艺

文化技艺（cultural technique）是一个内涵极为丰富的概念，是由德语词汇"Kulturtechniken"翻译而来。按照学者王继周的梳理，其概念的发展主要经过三个阶段[10]。19世纪晚期，"文化技艺"与农业实践息息相关，指涉如灌溉、排水、围垦、河道治理等农业技术。在20世纪70年代末80年代初，媒介技术迅速发展，"文化技艺"成为掌握新媒体生态所必需的技巧和能力。这一范畴的概念，与媒介素养有部分近似。20世纪80年代，弗里德里希·基特勒（Friedrich Kittler）及其研究者对于符号操作、习得实践以及如留声机、邮票等不可分类的媒介的分析，将文化技艺的概念与媒介紧密相连。

法国社会学家马塞尔·莫斯（Marcel Mauss）提出的身体技术（the technique of body）的概念，认为身体是人第一个也是最自然的工具，或者说技术对象[11]。约翰·彼得斯（John

Peters)认为,将德语中的 techniken 翻译成技艺(technique)是正确的,因为"这让我们想到各种需要身体或工具相互作用的实用技能(know-how)、手工作品以及身体性知识"[12]。这些观点都指向了文化技艺内涵中具身性的一面。因此本文也将传统书法的书写视作一种文化技艺,并探讨下列问题。

研究问题 3:作为具身实践的书写技艺在传统书法的数字化书写中如何体现?

3. 身体姿态

对于身体姿态的关注与文化技艺中具身性的内涵是一致的。学者维兰·傅拉瑟(Vilem Flusser)将姿态定义为是"身体或与身体相联的工具的动作"[13]。刘元堂依照历史文献和出土文物介绍了左执右书、伏案书、题壁书等书写姿势,强调书写姿势会导致身法运笔差异,影响书法风格[14]。马库斯·克雷耶夫斯基(Markus Krajewski)将提供服务(service)的数字技术(如自动驾驶技术)与人的互动,视作一种文化技艺[15]。发出指令的"小手势"(small gestures)构成了一种人与伺服机器之间的权力关系。章戈浩以格斗游戏为分析对象,展现了人的身体姿态是如何被游戏程序设定的技术图像所触发的,"因此产生的操作方式也便反作用于人的身体,影响人对于技术的认知与操演"[16-17]。据此,笔者提出以下研究问题。

研究问题 4:传统书法的数字化书写如何改变了书写的姿态?

二、研究方法

本文采用参与式观察与访谈相结合的方式,与十位兼具传统书法研习经历和数字化书写经验的爱好者进行沟通(见表 1)。访谈对象选择了新浪微博中 *Procreate* 超话中较为活跃且有一定粉丝基础的用户,以保证受访者对相关领域有足够深入的了解。同时,笔者也采取广义上的文本分析方式,对传统书法与数字化书写中涉及的物质性工具进行描述。

表 1 访谈对象具体情况

编号	职业	接触基于平板电脑的数字化书写的年限	微博粉丝量*	传统书法研习经历
Q1	大学本科在读	一年半	6 688	大学书法课
L2	大学本科在读	三年	760	大学书法课
Y3	大学本科在读	一年半	4 668	线上书法班
Z4	大学本科在读	两年半	3 369	课外书法班
J5	研究生在读	三年	84 000	书法专业研究生
B6	大学本科在读	半年	12 000	校内书法社团
S7	大学本科在读	一年半	8 008	课外书法班
L8	大学本科在读	三年	11 000	课外书法班

(续表)

编号	职业	接触基于平板电脑的数字化书写的年限	微博粉丝量*	传统书法研习经历
H9	研究生在读	两年半	13 000	课外书法班
F10	大学本科在读	三年半	4 934	父亲教学+自学

* 数据统计截至2022年5月18日20:00。

三、研究发现

“技艺之历史充满生物性和人工性，它们既包括各种行动集合，又包含各种材料集合[12]。”为了更好地探讨传统书法的数字化书写中人的行动与物质材料之间的关系，笔者参考兰登·温纳(Langdon Winner)关于技术的定义，他认为技术包含了装置(apparatus)、技法(technique)和网络(network)[18]。装置是指技术运作的物理装置，比如工具、仪器、机械等，人们能使用它们完成广泛的多样任务；技法是指人们完成任务时采取的技术性活动，这指向一种惯例，也与过程中人的身体实践相关；网络指涉一种将装置和人的技术性活动连接的大规模系统。本文也将基于此分析传统书法及其数字化书写中的装置(如毛笔、宣纸、平板电脑)与技术性活动(如执笔姿态)(见图1)。

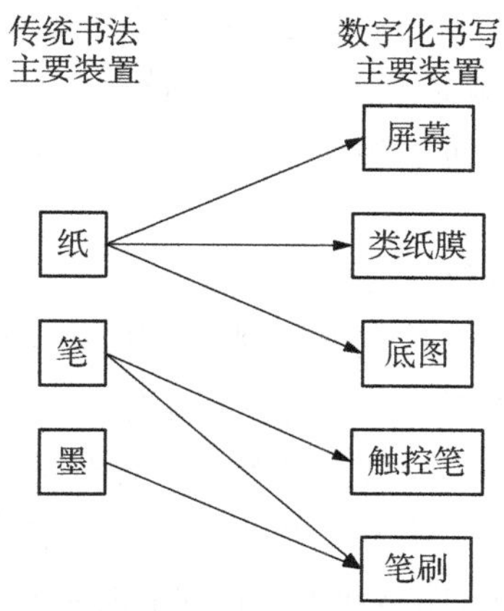

图1　传统书法与数字化书写涉及的主要装置及其对应关系

1. 装置——模拟“真实”

1)作为物质实体的纸张、屏幕与类纸膜

据东汉许慎《说文》:“纸，絮一苫也。从糸，氏声。”“箈，潎絮箦也。”“潎，于水中击絮也。”关于纸的字义考据，也指向了中国造纸术的制作工艺。关于造纸术的起源与最早纸张的定义虽然还未有定论，但毫无疑问考古出土的实物表明，自西汉起纸张就在中国文字的记录与交流中扮演重要的角色[19]。

在造纸工艺日益成熟的今天，传统书法的书写纸张有了更多样化的选择。从7岁起就开始学习书法的受访者H9表示："软笔练习一般都是用毛边纸，一开始大多是有米字格的毛边纸，长大了用的毛边纸就没有格子了。写得比较好之后才会用宣纸。"（访谈记录：H9）毛边纸诞生于明代，是一种淡黄色、纸质轻薄细腻、吸水性强的竹纸。如今毛边纸的制作也从手工走向机器生产。机器生产的毛边纸正面光滑背面粗糙，一般用其糙面书写，增加摩擦，防止滑笔。其低廉的价格与多样的尺幅促使其成为书法练习纸的首选[20]。在对呈现效果要求更高的书法作品创作过程中，纸张的选择需要符合特定字体风格，也要考虑视觉审美的因素。目前就读于书法专业的研究生J5也肯定了纸张特性对书写风格的影响："我写小楷用得最多的是蜡染笺，上面有一些鎏金的那种。我最近还写魏碑，用得比较多的就是粉彩纸，它的摩擦力比较大。"（访谈记录：J5）

在数字化书写的过程中，传统纸张作为书写平面承载文字的作用，分散在了电子屏幕、贴膜与由像素构成的数码底图上。黄华认为屏幕塑造了人和机器进行协作的经验规则，同时改变了身体在空间中的关联状态[21]。具体而言，由于平板电脑屏幕大小的固定性，且可以同时感知到手指与笔刷的触控，"如果是在平板上写字的话，我的手可能就会放得比较高，除了笔尖几乎不会接触到这个屏幕"。（访谈记录：F10）为了达到保护屏幕的作用，同时增加摩擦力，使书写体验更趋近于纸张，不少数字化书写者都会在屏幕上贴上"类纸膜"。（访谈记录：L2；H9；F10）"（类纸膜）那个质感比较接近在纸上写字的感觉，但也不完全相同，好处就是给了你一个阻力，写字比较好控制一点。"（访谈记录：L8）这种对实体纸张质感的模拟，展现了书写者的使用惯性。这种关于物质实体的隐喻，塑造着新媒介的形态。同时，也有受访者指出了类纸膜的缺陷所在："（类纸膜）阻力太大了又有点伤笔尖，所以我就没有用。"（访谈记录：J5）这也指向了物与物之间、屏幕与触控笔等书写媒介之间的相互关系。

2）作为物质实体的笔、墨与触控笔

毛笔"尖齐圆健"的物理特性对传统书法创作的影响是不言而喻的。毛笔形制的变化，会影响书法家个体书风，例如，有"柳骨"之称的书法家柳公权喜用锋长、毛细、管小的毛笔，更利于表现出劲瘦的笔画[22]。同时，根据制作材质的不同，毛笔可以分为羊毫、狼毫、兔毫等，"羊毫是最软的，写大字和写隶书、篆书的时候一般会选择羊毫。写小字一般会选择狼毫，它的弹性比较好，笔尖比较尖，能够处理比较细节的东西"。（访谈记录：J5）就墨而言，工业化的成品墨汁很大程度上代替了需要在砚台上手动磨墨的墨条。"我们当时好像没有需要磨墨，都是直接用现成的墨汁。"（访谈记录：B6）墨汁的浓淡由厂家的品控与书写者加水的多少决定，因而传统的松墨、油烟墨等制作材料与工艺的不同对书写的影响，在当下也无从谈起。

在数字化书写中，触控笔的形态与铅笔、签字笔等硬笔的形态差别不大。出于增加摩擦力、便于书写的目的，许多数字化书写者也对触控笔进行了改造。"我买了个笔尖的保护套，能增加一点点阻尼感。"（访谈记录：J5）"我在它（笔尖）前面加了一个金属的部件，让它能够画出更细的线。"（访谈记录：F10）触控笔虽然具备类似笔的物理形态，但要完成在电子画布上的书写，还需要搭配能呈现出书写轨迹与压力的“笔刷”。

3）作为数码物的笔刷与底图

许煜在《论数码物的存在》一书中认为数码物“是形成于屏幕上或隐藏于电脑程序后端的物体”“这些物体归根结底是可分享、可操控的数据”[23]。而由压力、图案、流线等参数控制的笔刷，与由像素点构成的JPG或PNG格式的底图，毫无疑问是作为一种数码物存在的。拥有丰富笔刷制作经验的受访者Y3和F10向笔者介绍了制作笔刷的具体流程。首先，需要在相关软件内导入基本图形，这决定了笔刷的形状来源，一般分为圆头和扁头。其次，需要导入纹理，这决定了笔刷的质感和颗粒来源。之后需要调节稳定性、锥度、湿混等参数，“这些东西就是一些比较个人化的喜好了”。（访谈记录：Y3；F10）基于上述的数码特性，笔刷可以通过导出为brush或abr格式文件进行分享。

在谈到制作笔刷的初衷时，数字化书写者大多是为了制作更符合自己手感的笔刷：“你想要求的效果自带的笔刷达不到了，就要自己去做一些适合自己用的东西，目的还是为了方便自己写字”。（访谈记录：L8）在关于笔刷风格的偏好上，能很好模仿现实毛笔书写效果的，具有“真实感”的笔刷被反复提及。（访谈记录：S7；L8）

底图的制作则较为简单，一般使用Adobe Photoshop软件完成，“要么是自绘的，要么是你在网站，或者淘宝店里面去找一些可以分享的素材，你将这些素材加工之后，做出你想要的效果”。（访谈记录：B6）与选择笔刷的审美一致，模仿宣纸纹理质感的底图也经常被使用：“当时还想着还原纸质的那种感觉，有的宣纸它也是有底纹的，一般会有梅兰菊竹印在上面。”（访谈记录：H9）

总体而言，笔刷与底图的数码物性质使得分享变得方便快捷。从受访者的审美取向而言，笔刷与底图的制作呈现出对传统纸质书法笔画与书写材质的复原模仿。除此之外，数码物向物质实体的转化也存在于书写实践中，“可以将这些字实体化，印成一些明信片、书签送人”。（访谈记录：Z4）

2. 技术性活动——情境日常化与姿态随意化

“文化技艺‘是一种产生我们所知的文化差异网络的操作’[24]。”伯恩哈德·西格特（Bernhard Siegert）关于门的隐喻指向一种进入特定文化的方式[25]。十位拥有传统书法研习经验的受访者也向笔者细致描述了他们是如何习得作为文化技艺的书法的。大部分受访者通过课内外书法班的学习掌握这项技艺。书法老师的关于字法、笔法、章法的教学构成了受访者关于传统书法基本准则的认知，“（老师）会边临帖边讲述，讲一些临帖的思路，包括笔画、结构怎么表达”。（访谈记录：L2）对古代碑帖的临摹则是练习的重中之重：“先学的是隶书《曹全碑》，然后学了颜真卿的楷书、赵孟頫的行楷，之后又去学了一下智永的《千字文》。”（访谈记录：H9）同时不同受访者分别对于赵孟頫（访谈记录：Q1；H9；F10）、王羲之（访谈记录：L2；J5；H9）、颜真卿（访谈记录：Y3；J5；B6；H9）、米芾（访谈记录：L2；J5；H9）等书法家的碑帖都有涉猎。

当新媒介被引入，作为装置的技术不只提升了效率，还开启了新的经验，产生另一个世界[26]。具体而言，在数字化的书写中，这种“新的经验”主要表现为书写情境与书写姿态的变化。

数字化书写的便携性与可删改性极大地影响了书写的情境。传统书法书写需要毛笔、纸、墨、砚台、毛毡甚至纸镇等众多工具，对空间场地的大小有一定要求。书写准备的仪式性降低了书写的随意性，“我在纸张上写的时候，就会有意识地去练字”。（访谈记录：Z4）纸张与墨汁作为耗材，也需要书写者一定的经济花费。“你在板上练习或者进行临帖，比较方便，也比较环保。”（访谈记录：Q1）在平板上书写对空间场地几乎没有要求。平板具备的后台运行、分屏等功能使得数字化书写者可以边听歌边书写歌词（访谈记录：L8），边上文学课边摘抄古诗（访谈记录：Q1）甚至边看剧边记录台词（访谈记录：H9）。由此可见，基于传统纸张的书法往往是以书写自身为目的的书法练习，而数字化书写往往还具备记录、摘抄等日常书写功能。

在执笔姿态方面，唐代书法家孙过庭的《书谱》中就列举了“执使用转”四种运笔方式。从发力方式上来说，传统书法“重要的是悬腕”（访谈记录：H9），“需要手腕用力，这是很难控制的”（访谈记录：L8）。就执笔方式而言，被普遍使用的双钩执笔是书法入门最常用的执笔方式。“如果用签字笔的执笔方法，就不太便于灵活地用那种笔，所以我还是用比较传统的三指执笔或者说双钩执笔。”（访谈记录：H9）针对传统书法书写的字体大小，执笔方式和身体高度也会相应发生变化，“直径超过十厘米的字一般是站着写。站着写的时候，因为手臂和桌子有一定距离，一般都是用三指执笔，执笔会比较靠上。如果字的直径在五厘米以内，一般就是坐着”。（访谈记录：J5）而在平板电脑上书写时，由于触控笔的形态与硬笔相似度高，执笔方式“就是和拿签字笔写字是一样的”。（访谈记录：H9）固定大小的屏幕和数码字体可放大缩小的特性，使得数字化书写者的实际写字姿势一般维持在固定的状态，也不会存在太多身体姿态的变化。同时，主要在社交媒体分享传播的数字化书写作品，也引发了观看方式的改变，由欣赏“字”向欣赏“图”转变。“用平板电脑写出来的作品，跟我们原来欣赏写在宣纸上的书法作品不太一样，它有点像欣赏一张图片。”（访谈记录：J5）

数字化书写的可删改性，削弱了书写者的书写技艺与作品呈现质量间的对等关系。“你一笔没有写好，可以撤回，重新再写这一笔”（访谈记录：L2），“甚至还可以用变形工具修整，单个字的大小或者倾斜都可以调整”（访谈记录：J5）。擦除、扭曲、旋转等操作也与传统书法“一气呵成”“行云流水”的审美观念发生冲突。数字化书写者较为普遍地使用此类功能，“当一个东西在创造的时候，你确实会有不同的删改……没有必要一气呵成”。（访谈记录：L8）传统书法“意先笔后”的精神性部分被新媒介祛魅，但对字进行不同效果的后期加工，成为数字化书写者个人创作的新乐趣所在。为了便于字、底图等元素的局部调整，新建图层成为必要操作。不少受访者也经历了从最初总是忘记新建图层，到养成习惯的过程。（访谈记录：L8；H9）

由此可见，在姿态与书写情境发生变化时，基于身体经验被调用的传统书法技艺与新媒介培养出的新姿态相融合，调适出一种新的文化技艺形态。值得关注的是，书写者在意识层面最终指向的往往是技艺本身，即评估不同媒介的优劣，思考如何利用工具培养出内在于自身的书写技艺。“不管你是用普通的笔，还是用 iPad，练字的人始终没有变。”（访谈记录：F10）总体而言，在平板上书写与在纸张上书写都有利于培养对字的字形、结构、章法的了解。数字化书写丰富的笔刷选择，有利于初学者接触不同的书法风格，其可删改性为作品的整体布局提供更多尝试机会，“可以在 iPad 上进行价格比较低的、投入比较小的尝试”。（访谈记录：Y3）绝大多数受访者都认为在实体纸张上的练习是提升书写技艺更有效的方式：“在纸上写不好，如果想在平板上写得很好看，还是不太可能的。”（访谈记录：B6）“在板子上临帖和看帖是一样的效果，你学的都只是结构，根本没办法学笔锋……用真的笔写才能有感觉。”（访谈记录；H9）

四、总结与讨论

本文通过对十位兼具传统书法研习经历和数字化书写经验的爱好者进行访谈，将传统书法与数字化书写在书写装置的物质性、书写姿态、书写情境等方面进行比较，分析了包含实体与数码物的装置，与具身性书写姿态之间的关系。

首先，数字化的书写设备，如作为物质实体的平板电脑、触控笔，作为软件的 *Procreate*，成为书写者实践于该领域的准入门槛。其次，由于书写工具对书写风格的影响一贯存在于书写的历史中，在从“笔墨纸砚”走向电子屏幕、触控笔、笔刷和底图的过程中，数字化书写仍然保留在笔触、作品质感等方面对传统书法的模拟。中国传统书法的文化积淀为书写实践提供了一套既定的规则。受访者对类纸膜的使用、关于笔刷与底图“真实感”的偏好、通过临摹提升内在书法技艺的需求都可以视作这种规则的延续。最后，传统书法的数字化书写在保有对字法、笔法、章法的要求的同时，新媒介引发了书写情境的日常化、书写姿态的随意化的倾向。由此可见，已有的关于书写的身体经验与新媒介相互调适，形成了一种关于数字化书写的新的文化技艺。

同时，本文也存在一定的不足，由于资源所限，访谈对象的数量较少。此外，关于平板电脑、触控笔等数字化书写媒介的分析没有在硬件结构与程序逻辑上更加深入。笔者也未能更细致地解读此种笔刷与底图等数码物对传统书写装置的模拟的发生机制。同时，数字化书写也兼具了亚文化属性，深度依赖社交媒体平台进行内容传播，这也可以成为未来进一步研究的方向。

参考文献

[1] 李青，王涛. 基于平板电脑的学习资源设计框架和要点分析[J]. 远程教育杂志 2012(5)：35 - 41.

[2] 丘新巧. 日常书写研究[D]. 北京：中央美术学院，2014.

[3] 王珊，李晓岑，李玮，等. 古代名纸薛涛笺文献述略[J]. 中国文物科学研究，2017(4)：91 - 96.

[4] 汪映雪. 毛笔工具与书画作品的艺术表现[J]. 艺术百家，2014(S1)：188 - 190.

[5] 陈海良. 中国书法墨法研究[D]. 北京：中国艺术研究院，2009.

[6] Liu S Q, Choi S, Mattila A S. Love is in the menu: leveraging healthy restaurant brands with handwritten typeface [J]. Journal of Business Research, 2019, 98:289 - 298.

[7] Schroll R, Schnurr B, Grewal D. Humanizing products with handwritten typefaces [J]. Journal of consumer research, 2018,45:648-672.
[8] Noy C. Voices on display: Handwriting, paper, and authenticity, from museums to social network sites [J]. Convergence: the international journal of research into new media technologies, 2020,26(5/6):1315-1332.
[9] 王佳宁.中国现代书法图式研究[D].杭州:中国美术学院,2014.
[10] 王继周."以技术观技术"作为中介:德国"文化技艺"理论及启示[J].新闻界 2021(2):85-94.
[11] 莫斯,涂尔干,于贝尔.论技术、技艺与文明[M].蒙养山人,译.北京:世界图书出版公司,2010.
[12] 彼得斯.奇云:媒介即存有[M].邓建国,译.上海:复旦大学出版社,2020.
[13] Flusser V. Gestures [M]. Roth N A, Trans. Minneapolis: University of Minnesota Press, 2014.
[14] 刘元堂.中国书法创作书写姿势论[J].艺术百家,2011(6):164-169.
[15] Krajewski M. The power of small gestures: on the cultural technique of service [J]. Theory, culture & society, 2013,30(6):94-109.
[16] 章戈浩.数字功夫:格斗游戏的姿态现象学[J].国际新闻界,2018(5):27-39.
[17] 章戈浩.网页隐喻与处理超文本的姿态[J].国际新闻界,2020(11):25-38.
[18] 温纳.自主性技术:作为政治思想主题的失控技术[M].杨海燕,译.北京:北京大学出版社.
[19] 潘吉星.关于造纸术的起源——中国古代造纸技术史专题研究之一[J].文物,1973(9):45-52.
[20] 刘仁庆.论毛边纸——古纸研究之二十[J].纸和造纸,2012(5):71-75.
[21] 黄华.身体和远程存在:论手机屏幕的具身性[J].现代传播(中国传媒大学学报),2020(9):46-51.
[22] 朱友舟.中国古代毛笔研究[D].南京:南京艺术学院,2012.
[23] 许煜.论数码物的存在[M].上海:上海人民出版社,2019.
[24] 王继周.文化技艺:德国文化与媒介研究前沿——对话媒介哲学家杰弗里·温斯洛普-扬[J].国际新闻界,2020(5):51-60.
[25] Siegert B. Cultural techniques [M]. New York: Fordham University Press, 2015.
[26] 克莱默尔.传媒,计算机,实在性:真实性表象和新传媒[M].孙和平,译.北京:中国社会科学出版社,2008.

附录:访谈提纲

1. 请简单介绍一下你自己。
2. 你是否有研习传统书法的经验?
3. 请描述一下,你使用实体纸笔练字的情景(例如,使用的工具、练字的环境等)。
4. 你当时使用的执笔姿势是什么样的?
5. 你是怎么接触数字化书写的?
6. 请描述一下,你进行传统书法的数字化书写的情景。
7. 你平时在平板电脑上书写的时候会偏爱什么风格呢?或者偏爱什么笔刷、底图吗?
8. 你觉得之前利用实体纸笔练习的经验,在平板电脑上书写时会发挥什么作用吗?
9. 你觉得两种书写方式有什么差别呢?(例如,姿态、技巧、体验感、书写目的等)
10. 你有制作分享底图的经验吗?具体流程是怎样的?
11. 你有制作分享笔刷的经验吗?具体流程是怎样的?
12. 网上很多底图模仿八行笺,或者古帖的感觉,也有专门为了写特定字体(如瘦金体、小楷)制作的笔刷。你怎么看待在数字化书写的时候,大家会移植一些传统书法的元素呢?

13. 你觉得一个好的平板电脑书写作品,是书写的内容、笔刷、底图,还是书写者的写字技艺比较重要呢?

14. 书法作为一种中国的传统艺术形式往往会与一个人的精神状态相联系。你认同传统书法的精神性的部分吗?你自己在练习的时候有类似的感受吗?

15. 书写媒介的不同会对上述的感受有所影响吗?

元宇宙的奇观生产与视觉想象

——以《黑客帝国》的虚实相生为例

彭淑茵[①]

【摘要】 元宇宙是通过信息技术、虚拟现实技术、数字孪生技术等打造的虚拟空间，事实上其所描绘的虚拟场景已在科幻电影构建的赛博空间中变为事实。本文以《黑客帝国》系列电影为例，结合居伊·德波的“景观社会”理论尝试分析元宇宙奇观的类型建构和生产机制。结果发现《黑客帝国》系列电影以超前想象刻画了一个完整具体的元宇宙世界，其设计的矩阵世界、红蓝药丸、子弹时间等科幻奇观为人们进行元宇宙想象提供参考。

【关键词】 元宇宙；《黑客帝国》；科幻奇观；景观社会

伴随着大数据、人工智能技术、区块链技术、云计算等在社会各个领域的广泛应用，实时交互传播得以实现，数字媒介正在逐渐渗透并改变社会的整体生态环境和人类社会的基本实践方式，可以说，数字文明时代正在到来。在科幻电影《机器人总动员》(*WALL · E*)中，人类被设置为手脚退化、失去行动能力，从出生就躺在自动椅上没下来过，社交、生活、消费、娱乐全然依赖眼前的全息映像的角色形象。由于影片中的人们从不运动，体态变得异常肥胖，且这样的生活状态并非是某一部分群体，而是几乎所有人都过着如此懒惰且过度依赖数字技术的生活。难以想象，若是现实中的人类如电影《机器人总动员》那般，活在全息影像打造的虚拟空间中，将一切都交给人工智能掌控，现实世界之于人类还有生存意义吗？人类社会的未来将何去何从？

科幻电影中带有戏谑、嘲讽和批判意义的情节设定并非没有根据，现实中沉浸在电子设备和虚拟网络世界的人类也不在少数。近来，成为互联网领域最受追捧热点之一的元宇宙(Metaverse)便是一个通过信息技术、虚拟现实技术、数字孪生技术等打造的虚拟社会，其最大特点是人类可以通过头戴式VR设备进入元宇宙中，沉浸式体验虚拟生活。元宇宙的出现模糊了真实与虚拟、现实与科幻之间的界限，为人们打造了一个充满幻想和满足享乐需求的“第二人生”，但也须留意到，若是人类的全感官都通过数字设备连接到虚拟空间，人类是否会因为感官需求的虚拟满足和无限享乐而沉溺于虚拟世界，进而忽视现实世界的真实需求和行动能力？元宇宙和真实世界边界被打破，是否会造成人类对两个世界不同人生

---

① 暨南大学新闻与传播学院硕士研究生。

认知和行动上的淆乱，进而会停止对人类本质和主体性的探索？以下本文将结合科幻电影《黑客帝国》(*The Matrix*)(1999、2003、2003、2021)对以上问题进行探讨。

一、从景观社会到元宇宙奇观

2020年4月，美国流行歌手爱莲娜·格兰德(Ariana Grande)举办的线上演唱会便是以虚拟化身的形式登场。该歌手在幕后唱歌，前台的虚拟化身则打破生理身体的极限和地理位置的局限性，做出一些现实肉体无法实施的动作。爱莲娜的线上演唱会被学者视为是元宇宙的典型代表，也是居伊·德波(Guy Debord)的"景观社会"(spectacle society)在元宇宙情境的再现[1]。"景观"(spectacle)是居伊·德波《景观社会》一书中的关键词，原意为"一种被展现出来的可视的客观景色、景象，也意指一种主体性的、有意识的表演和作秀"[2]13，然而德波并未在书中对"景观"的概念直接界定，而是试图概括当代资本主义社会的新特质来指认这一现象[2]14。在德波看来，资本主义经济发展可以分为两个阶段。在第一个阶段，资本主义生产方式在人的生存方式上已经从存在堕落为占有，在第二个阶段，人们通过经济的积累结果对社会生活进行整体占领，导致一种从拥有面向显现的总体滑坡，也就是说，现实社会变成景观社会，现实不被作为景观出现，现实就不存在[2]8。德波认为，当代资本主义社会已经从生产阶段发展到了一个独特的景观阶段，"所有活生生的东西都仅仅成了表征"[2]9，乃至于生活的每个细节几乎都已经被异化成景观的形式。放眼今日的互联网社会，人们通过报纸、广播、电视、电影、社交媒体、短视频平台等媒介接触和了解周遭的环境，倘若事物不出现在人们可接触的媒介之中就不会被大众了解。就此意义而言，万物被表象化和景观化，真实世界沦为简单的图像，影像却升级成为比"存在"更为真实的"存在"。操控景观呈现的资本平台藏匿于更隐秘的位置，对社会形成更深层的、无形的控制，沉溺于景观之中的人们则被消解了主体的反抗和批评否定性，变成单向度地接受[2]18-19。

对于德波所说的"景观社会"，道格拉斯·凯尔纳(Douglas Kellner)有不同的看法。凯尔纳认为，德波所分析的是资本主义社会发展的某一个特定阶段，更关注对资本主义制度本身进行批判，且在德波看来，"景观社会"似乎是无往不胜的。凯尔纳在《媒体奇观》一书中使用了比较具体化的"奇观"现象，如麦当劳消费文化、乔丹奇观、电视文化、好莱坞文化等，他研究发现媒介奇观也是存在矛盾、冲突和逆转的，看似所向披靡的文化霸权在全球化浪潮下存在地方性的抗议。

奇观无处不在，是当代文化的"主因"(the dominant)[3]，奇观的产生规定了人们可观看的图像和观看的方式，形成对人们视觉的规训。英国电影理论家劳拉·马尔维(Laura Mulvey)率先指出了电影中的"奇观现象"，其认为奇观与电影中"控制着形象、色情的看的方式"有关[4]。学者周宪认为奇观本是一种注意力经济产品，电影制造奇观将人们休闲性的视觉消费转换为生产型的劳动，体现了资本对人们视觉领域的统治和因奇观而发生的情感劳动剥削[5]。随着数字媒介技术的发展，媒介平台也成为奇观的生产者之一，如快手、抖音等短视频平台利用用户生成内容(UGC)大量生产媒体奇观，且这些平台作为海量数据的拥有者、集成者和算法技术的操控者，不仅控制了用户可观看的内容和观看的方式，并且实现奇观的精准投送，不断强化人们的观看习惯。因此，周宪认为，控制奇观的资本已然将剥削的范围扩大至人们闲暇时间的娱乐消费中，甚至从视觉领域转向非视觉领域，日常生活中没有奇观便不足以吸引人们的注意力[6]。

二、研究设计和研究问题

截至 2022 年 12 月 31 日，本文以“元宇宙”“奇观”“景观”等为关键词在知网中检索共得到 13 篇文献，文献数量较少。此外，这些文献主要从游戏[7]、艺术[8]等视角切入，鲜少有学者关注到元宇宙的奇观生产机制。综上，本文以《黑客帝国》系列电影为研究对象，结合居伊·德波的“景观社会”理论尝试分析元宇宙奇观的类型建构和生产机制，探索元宇宙奇观和真实生活存在的区隔和联系。具体归纳为以下研究问题：

（1）《黑客帝国》系列电影如何构建元宇宙奇观?

（2）元宇宙奇观的生产机制是怎么样的?

通过回答以上研究问题，本文旨在从“景观社会”的角度理解元宇宙奇观，探讨元宇宙奇观和真实世界的联系，推动未来科幻电影继续提升元宇宙奇观的视觉效果和艺术想象。

三、元宇宙奇观的类型建构

自“元宇宙”概念在 2021 年被再度提起到现在，关于元宇宙的设想和说法仍然充满了不确定性，各种天马行空的幻想、商业资本的允诺以及似是而非的方案都能被轻易地纳入元宇宙的应用场景当中，元宇宙似乎成为包容万物、什么都可以往里面装的“大框”。而事实上，真正通过数字技术实现的元宇宙产品或元宇宙场景少之又少，提到元宇宙，人们首先设想的也是头戴式虚拟头盔、VR 虚拟眼镜、3D 电子游戏，落到实处的元宇宙产业也是集中在社交、游戏等领域[9]。元宇宙正处于被探索的阶段，但囿于目前的科技成果和数字技术的发展局限性，人类的幻想未能如实建设出来，只能囿于纸上，然而人们对元宇宙的感知和想象力并没有因现实的限制而止步，而是通过科幻电影的奇观景象进行探索。

科幻电影《黑客帝国》共有四部，讲述了人工智能战胜人类并统治了整个地球的故事，主人公尼奥原本是一名年轻的黑客，偶然的梦境和异象让他发现自己生活的现实世界实际上是一个名为“矩阵”(Matrix)的电脑系统。在反叛军和先知的引导下，尼奥觉醒成为“救世主”，带领锡安基地的反抗军与计算机系统抗衡，试图通过消灭计算机系统而拯救人类。学者周宪认为，奇观是具有强烈视觉吸引力的影像和画面，当代电影奇观可分为四种主要类型，分别为动作奇观、身体奇观、速度奇观和场面奇观[10]。本文也将参考以上划分方式，透过电影《黑客帝国》虚实融合的科幻影像分析元宇宙的奇观建构和视觉想象。

1. 动作奇观

动作奇观，顾名思义即通过种种惊险刺激、奇特罕见的动作设计和肢体特技构成的一种视觉奇观,常见于西部牛仔片、警匪枪战片、冒险打斗片等。在科幻电影中,作为视觉奇观主体的人通常行使一些非日常的、异于常态的动作,这些动作或是发生在繁华都市、昏暗街道、密闭空间、高空等虚拟空间场景,或是结合了超出物理科学、自然规律等非常态现象,总而言之,无论是动作的肢体伸展、发生场合还是道具使用都和现实世界有着巨大差距。如在《黑客帝国》中,一只机械蝎子钻入尼奥的肚子,其后崔妮蒂用带有透视功能的针管帮尼奥取出;如莫菲斯带着尼奥去见先知,等候的过程中看到一个光头小和尚专注地凝视勺子,勺子突然弯曲;又如影片经典的“子弹时间”,飞速运转的子弹在尼奥面前突然静止,尼奥可以轻易闪避所有子弹而不受到伤害。以上种种动作奇观打破自然和常理,甚至根本无法在现实世界中实现。此外,以上的动作奇观包含一种“我思故我在”的唯心主义思想,跟随主体意识和大脑幻想随意变换,因此,小和尚在展示扭曲的勺子时和尼奥说到,“弯曲的并不是勺子,而是你自己”,虚拟世界的图像由人类主体意识所决定。

2. 身体奇观

相比身体、机械和道具相结合的动作奇观,身体奇观只局限于人的躯体本身,旨在展示身体和再现身体。从计算机到智能手机,再到穿戴式设备,新技术革命所带来的一系列数字媒介正在构建一种去身体的文化,用“远程在场”代替“肉身在场”,而在元宇宙中,真实肉体经由数字化、虚拟化、技术化处理后再以“虚拟化身”的形式重回现场,数据和信息的有效集成构成“自我”在元宇宙的真正内涵[11]。电影《黑客帝国》的矩阵世界是一个计算机操作系统,生存在操作系统的人类并非是现实世界中真实的肉体,而是由代码数据构成的虚拟形象,因而这些虚拟身体是超现实的,可以变形、更换、修复、重生。

影片中的身体奇观随着场景的变换可分成两类:发生在矩阵母体的以黑西装、黑皮衣、黑墨镜为主的赛博朋克机械风格,以及出现在锡安基地的以粗麻衣裙和复古面料为主的破败废土风格。前者极具未来感、金属质感和先进科技感,代表着高技术水平的人工智能时代和数字文明,后者则体现了古老的人类文明底蕴和历史厚重感。和被人工智能统治的黑暗荒芜的末日世界相比,人类仅存的生活空间“锡安基地”如人类毁灭前最后的文明社会一般遥遥独立,象征着黑暗世界唯一的光明。

在色彩上,影片的身体奇观大量使用黑色、绿色等冷色调,鲜少出现暖色系,强调了虚拟世界的冰冷、神秘、压抑,符合失去人类感性和缺乏生机的元宇宙虚拟世界设定。在外形上,进入矩阵世界的角色总是一身黑色打扮,穿着整齐划一且容貌相似,似乎是被系统刻意抹去个人身份特征,暗示这些角色是由代码程序生成的虚拟化身,有人类的外形却不具有人的生机和独特性。此外,虚拟形象和真实肉体最大的区别在于:不具有实体、形象变换的任意性和多元性,如电脑人史密斯将黑色液体输送到他人身上就可以无限复制自己;梅罗文嘉的打手“幽灵双子”拥有使实体变虚无的能力,可以规避伤害和复原身体。

3. 速度奇观

速度奇观即通过展现速度而制造视觉冲击力的画面,常常表现为镜头组接的速度或节奏以及画面内物体或人体移动的速度这两种组合[10]。在高科技、低生活的赛博朋克科幻电影中,人们对科技的需求已从快速、超速,逐渐发展为实时和转瞬即逝,速度被内化于科技的发展过程和底层逻辑，可见科幻电影中打破时空限制和随意穿梭场景成为常态。在《黑客帝国》中，速度奇观常常发生在追逐、打斗、抓捕等场景中，其中，打斗场景是最主要的部分。该电影的动作设计由华人武术指导袁和平完成，因而动作设计融合了中国武术招式的柔韧美和快速挥拳痛击的速度感，一快一慢、一刚一柔，塑造了救世主尼奥淡定的心态和不怕困难的勇气。此外，为了突显尼奥异于常人和足以对抗计算机世界的强大力量，速度变成可被尼奥掌控的参数。无论速度快慢、物体运动还是静止，皆在尼奥的掌控之中，如前文所说的"子弹时间"就是《黑客帝国》的经典速度奇观，尼奥可以让飞射的子弹停滞在空中，化动为静，将一切枪械武器的伤害减少为零；又如尼奥可以超快速地在空中飞行，且飞行速度无法计算，因此尼奥可以在危急关头救下伙伴，从险境逃离。尼奥对速度的控制赋予其闪速出现于各地和拯救他人的能力，这也体现了尼奥如上帝一般的救世主的强大存在。

4. 场面奇观

场面奇观指"各种场景和环境的独特景象"，如罕见的自然景象、虚拟世界、外层空间、海底世界、历史古迹等。周宪指出，奇观电影往往因为制造视觉效果而强调场面的表现，因而场面奇观是一个独立的部分，获得相对独立的视觉表现价值。科幻电影确实如此，强调场面奇观的科幻视觉效果多于科幻叙事。为了制造场面奇观的科技感和未来感，科幻场面不能完全脱离现实，切断未来世界和当下现实世界的联系，而是要包含人类文明建设和科技进步发展的痕迹，来自现实却又比现实陌生。在《黑客帝国》中有相当多的场景来自美国繁华的城市，如高级写字楼、商业中心、城市道路、复古酒店、居民生活空间、地铁站等，矩阵世界和真实世界极其相似，这也是设计矩阵世界的人工智能的企图——模仿人类生活场景制造一个虚拟世界，将人类如"缸中之脑"一般囚禁在矩阵世界中，并通过源源不断地输送电流刺激大脑以产生各种生理上的感觉，让人类误以为自己"真实存在"。

在虚拟的矩阵世界之外，便是人类的真实世界。人类发明了人工智能却在与电脑人的对抗中失败了，战争使得地球变成末日世界，一片漆黑、没有一丝阳光，也没有一丝自然生机，人类组成反抗军躲在地底深处，地表就是人工智能基地。人工智能通过无性繁殖育出一个个婴儿，将死去人类的身体制成营养液培育婴儿成长，同时从活人的肉身吸取能量转化为电能运行人工智能。除此之外，地球到处是荒废的破旧巨型器械和监视人类的电子机器怪物。

达尔科 · 苏文（Darko Suvin）曾用"认知间离性的文类"（literature of cognitive estrangement）理论形容科幻小说[12]，"科幻的区别性特征在于陌生化发展成了'文类的形式框架'（formal framework），即形成一个替换作者经验环境的想象性框架"[13]。也有学者认为科幻小说的形式框架不是将熟悉陌生化，而是相反的"自然化"（naturalization），即让陌生的事物变得熟悉的过程[14]。《黑客帝国》的场面奇观皆体现两者。一方面，将 21 世纪初观众陌生的互联网技术和人工智能技术与人们赖以生存的真实世界相结合，让陌生的新事物熟悉化；另一方面，通过电影特效和数字技术将人们常见的事物套上科幻的外壳，如影片中出现的矩阵母体、锡安基地、电子怪物，都是将人们熟悉的子宫器官、树状结构、章鱼生物等套上金属工业和机械零件的外表，制造赛博朋克空间的金属质感和科幻视觉冲击。

四、元宇宙奇观的生产机制

电影《黑客帝国》为观者塑造了两个截然不同的世界，一个是废弃落败的真实世界，一个是繁华兴盛的虚拟世界。两个世界都由人工智能所控制，在真实世界中，人工智能制造一个偌大形似子宫的矩阵系统，人类身体被泡在一个盛满营养液的器皿中，身上插满各种机械导管用以接收电脑系统的感官刺激信号，依靠这些信号人们生活在一个程序制造的虚拟幻境中。德波认为，建立在现代工业之上的社会本质上就是景观主义社会，由视觉映像来统制经济的秩序[2]26。如果说生活在景观社会的人类尚且拥有感知景观和选择景观的权利，那么在数字化虚拟世界中，人们的肉身和意识分离，肉身不再是自我交往和生存的中介，而是借助非实体的大脑意识创建一个或者多个数字化身份参与交往，一切感知直接由电脑程序输入人类大脑中，人们不再直接从自然世界中获取知识和经验。此外，影片中的人类从出生那一刻起肉体就被束缚在一个狭小的胶囊中，他们生存的物质空间和生命感知被剥除，大脑意识通过感知电信号清醒地活在虚拟世界中。不过人类并不知道他们认为的真实世界实际上是矩阵投射出来的影像，一切都是拟像，并非真实存在。他们的一切感知、欲望、思维、行为逻辑以及图像的编码解码方式都被程序塑造，若是人类产生反抗意识就会遭受到杀毒程序的抹杀。这就是人工智能对人类的控制，控制肉体和自由思考的能力皆被剥夺，被强制剥离真实世界的人类如同丧失根的生命，而无根的生命正是生命政治最理想的治理对象[15]。

相反的，尼奥作为一名黑客察觉到虚拟世界的异常，对其真实性深表怀疑。面对红蓝药丸的选择(沉沦虚拟世界还是探索真实世界)，尼奥选择了跟随墨菲斯探索真相。对于沉浸在虚拟幻境的人类来说，打破镜像接触真实成为一种反向的稀缺性。《黑客帝国》于21世纪初上映，彼时人们还不知道互联网是何物，上网是少数人的权利；之后伴随着互联网技术的全域覆盖，上网冲浪成为人们日常生活的一部分；如今进入元宇宙阶段，人们对虚拟世界的需求转为更为逼真和高清的沉浸式体验和感知体验。学者刘永谋等提出，包括元宇宙在内的数字虚拟物都是拟真之物，它们完全由符码模型衍生出来，其价值不再由逼真度所决定，而取决于符码之间的关联、替换和结构[9]。也就是说当代媒体奇观的资本主义生产逻辑转化为符码运行的人工智能技术逻辑，隐秘在奇观和图像之后控制人们的真实感知，同时媒体奇观构成的推行霸权和抵抗霸权共存的场域矛盾转化为人类接受和抵抗拟真图像喂养的矛盾，人们的生存方式、感知的环境世界被数字化技术和元宇宙奇观高度中介，接触真实、活在真实成为元宇宙的稀缺资源。

相比起德波所强调的观者在商品包装、展示、消费以及媒体文化面前失去了自主能力，凯尔纳认为媒体奇观同样会遭到观者的抗议和抵制[16]，就连曾经缔造科幻电影史上新高度的《黑客帝国》也不例外。《黑客帝国》系列电影本身就是一种影视奇观，该电影不仅创造了全球票房奇迹，而且影片中矩阵世界、锡安基地、缸中之脑、红蓝药丸等科幻奇观奠定了它在科幻史和流行文化史上的地位。此外，《黑客帝国》在商业上获得巨大成功，引发了时尚、影视、娱乐等行业的模仿和复刻，极大地颠覆了消费文化的潮流和发展。然而《黑客帝国》第四部的上映却遭遇了票房滑铁卢，豆瓣评分也一路走低。这不仅是因为电影本身新意不够，照搬硬凑前三部的故事情节，也是因为当下信息技术和数字技术的快速发展早已实现了部分科幻电影描述的未来场景，人工智能大量运用在各行各业，元宇宙即将成为现实，因而导致电影设定平庸如现实，奇观的科幻感不足。此外，前三部塑造的反乌托邦叙事和科技革命叙事弱化为爱情救赎和电子游戏叙事，赛博朋克文化、黑客文化也逐步被资本主义和消费主义收编。

可以说，《黑客帝国》第四部缺乏科幻奇观和科幻叙事的创新，并不能满足当下人们求新求异的视觉需求，并且对比前三部聚焦的人机关系和机器文明宏观叙事，第四部浓缩为主人公爱情故事的微观叙事，这样一部爱情续作显然不是受众期待的"神话"续集。原有的经典哲思设定被烂俗的爱情叙事外壳代替，失去革命想象和哲学思考而完全变成个人化情感表述的《黑客帝国》，体现了对商业和消费的妥协，可见再经典和独特的影视奇观也难逃观众的批评和指责。

五、结语

科幻电影的魅力在于将科幻奇观和日常生活并置，将陌生化的奇观整合到人们按照常识所建立的认知场景之中[17]。元宇宙则是融合虚拟世界和真实世界，通过诸种技术的赋能和加持构建的一个平行于真实世界却又超真实的存在。《黑客帝国》系列电影创造的数字虚拟世界及其设计的一套完整而具体的科幻奇观，为人们提供动作、身体、速度、场面四种类型的元宇宙奇观想象，然而元宇宙虚拟空间的沉浸式体验使得人体肉身和意识分离，肉身被悬置于真实世界，意识则操控虚拟化身行走在元宇宙中。此外，元宇宙的奇观生产建立于虚拟图像代替真实物体存在、程序操控人类观看方式和符码编码解码方式等基础之上，导致人们观看奇观的方式从各种感官转向程序控制。《黑客帝国》作为现象级消费奇观，也会因向商业和娱乐的妥协而被观众群嘲，目前越来越多科幻电影奇观成为现实，科幻奇观要重新捕获人们的视觉注意力不仅要创新科幻场景的未来感，还需增强科幻叙事中的革命性想象。

参考文献

[1] 蓝江. 元宇宙的幽灵和平台-用户的社会实在性——从社会关系角度来审视元宇宙[J]. 华中科技大学学报(社会科学版)，2022(3)：10－17.

[2] 德波. 景观社会[M]. 王昭风，译. 南京：南京大学出版社，2006.

[3] 周宪. 传媒文化：做什么与怎么做[J]. 学术月刊，2010(3)：5－10.

[4] Mulvey L. Visual and other pleasures: language, discourse, society [M]. London: Palgrave Macmillan, 1989.

[5] 周宪. 当代中国的视觉文化研究[M]. 南京：译林出版社，2018：15.

[6] 周宪. 数字奇观与视觉规训[EB/OL]. (2022－07－02)[2022－08－24]. https://mp.weixin.qq.

com/s/RnpKlbghGujbX2S0V3fYDw.
[7] 赵大友,袁丰雪.元宇宙视域下传播游戏观的新演进[J].东南传播,2022(5):49-52.
[8] 王陌潇.数字资本主义与后人类文化景观:作为元宇宙先声的NFT艺术[J].南京艺术学院学报(美术与设计),2022(3):189-196.
[9] 刘永谋,李曈.元宇宙陷阱[M].北京:电子工业出版社,2022:76.
[10] 周宪.论奇观电影与视觉文化[J].文艺研究,2005(3):18-26+158.
[11] 胡泳,刘纯懿.元宇宙作为媒介:传播的"复得"与"复失"[J].新闻界,2022(1):85-99.
[12] Suvin D. Metamorphoses of science fiction: on the poetics and history of a literary genre [M]. New Haven and London: Yale University Press, 1979:4.
[13] 黎婵.认知陌生化:赫·乔·威尔斯科幻小说研究[M].北京:科学出版社,2019:31.
[14] Spiegel S. Things made strange: on the concept of "estrangement" in science fiction theory [J]. Science fiction studies, 2008,35(3):369-385.
[15] 蓝江.环世界、虚体与神圣人——数字时代的怪物学纲要[J].探索与争鸣,2018(3):66-73+110+145.
[16] 凯尔纳.媒体奇观——当代美国社会文化透视[M].史安斌,译.北京:清华大学出版社,2003:27.
[17] 宋明炜.世纪末的奇观——威尔斯早期科幻经典导论[J].书城,2021(8):76-84.

肉身退场？元宇宙下玩家的技术具身与深度沉浸

邓琴玲玉①

【摘要】 随着元宇宙元年的到来，拥有“虚拟空间”“数字化身”等相似特性的网络游戏也被认定为初级元宇宙的雏形而备受瞩目。其中，元宇宙游戏中用户是否能实现深度沉浸以及技术如何实现深度沉浸仍然是全球关注的核心问题。过去，有关游戏使用与深度沉浸的研究一般从认知心理学的角度展开，如“刺激—反应”模式或心流(flow)反应。在此范式之下，沉浸感来源于意识与游戏的“人机交互”，而忽略了人体与技术的直接勾连。尤其在人工智能、脑机接口等新媒介技术的加持下，“身体缺席”成为一种默会的日常状态，甚至出现“肉身退场”的宣言。在技术哲学与现象学的理论视阈下，本文主要探讨了拥有“肉身”与“化身”的身体如何影响网络游戏中玩家的远程在场以及沉浸感，思考元宇宙的游戏实践是否可以逾越肉身，并展望了在元宇宙的背景下具身游戏的可能路径。

【关键词】 元宇宙；技术具身；深度沉浸；虚拟现实

2021年，拥有“虚拟身份、社交、沉浸体验、多元化、低延迟通信、实时性、经济体系、文明等”[1]复杂内涵的元宇宙(Metaverse)概念横空出世，迅速引发海内外互联网巨头的关注。在海外，罗布乐思(Roblox)作为“元宇宙第一股”一经上市股价暴涨，Facebook改名Meta宣告进军元竞赛，韩国政府宣言首尔将成为第一个元宇宙城市；在国内，百度Create举办首届10万人元宇宙科技大会，腾讯加快推出XR扩展现实部门，字节跳动收购VR设备品牌PICO……“由实入虚，让用户以数字身份自由生活的全真互联网世界”[2]成为对元宇宙最普遍的畅想。简而言之，元宇宙是用户以数字幻身的方式接入虚拟空间的一种存在方式。拥有“数字化身”“虚拟场景”等相似特性的网络游戏也随之被当作初级元宇宙的雏形。

一、由实入虚：元宇宙下的玩家身体与深度沉浸

在此背景下，元宇宙游戏中玩家“身归何处”？从存在方式来看，元宇宙环境中玩家的身体可分为海德格尔笔下“此在存在”的肉体，以及被接入网络并以网络数据形式保存的网

① 华中科技大学新闻与信息传播学院硕士研究生。

络化身体[3]，即游戏化身。

对前者而言，传播学视阈下的"肉身"研究经历了"边缘—中心""附属—离体"的关注转变。从以柏拉图为代表的"身心二元论"到笛卡尔的"我思故我在"、康德的"内外部知觉"，作为意识附属的身体问题一直处于自我研究的边缘。直到莫里斯·梅洛-庞蒂（Maurice Merleau-Ponty）寻找到一条全新的路径，将身体置于单独的图式框架中进行考察，但身体仍处于研究中的弱势地位。随着虚拟现实、人工智能等新技术浪潮的到来，作为连接"自我"与媒介、技术等不同次元、场域的物质中介，正如学者孙玮[4]、刘海龙[5]等人所述，身体作为行动主体的重要意义才被"重新激活"，并逐渐"向身体敞开"。对后者来说，"离身"一直是近现代人工智能、虚拟现实技术发展的最高"技术幻想"。早在1996年，约翰·巴洛（John Barlow）[6]就曾在《赛博空间独立宣言》中对未来网络世界的终极形态做出幻想，认为"我们正在创造一个所有人都可以进入的世界……这里没有物质……我们有身份没有身体"。2014年，瓦利·菲斯特（Wally Pfister）在《超验骇客》中畅想将人的意识以数据化上传，实现人体在虚拟空间的复生。当下，脑机接口的迅猛发展也使得肉体"离身"逐渐走向现实，科学家试图在人脑与外接设备之间直接建立联系，摆脱肉身的限制。新无我论则提出了更为激进性的论断，如托马斯·梅青格尔（Thomas Metzinger）认为"自我"实际上是人脑分子结构被社会表征建构的一种幻觉，即"人无我"。

然而，从目前元宇宙游戏的发展实践来看，即便技术从玩家身上分割出无数个"数字化身"，肉体也无法达到真正意义上的离场。在技术的深度嵌入下，取而代之的是一种由技术中介的"合成身体"。通过头戴式显示器与视频材料诱导，研究者发现受试者的意识不再受困于真实身体中，而在VR产生的合成身体中出现，从而产生一种新型"具身化"[7]。

除了被技术具身的合成身体，元宇宙还关注高度仿真的感官沉浸。在元宇宙的构想下，元玩家"在现实世界的经验、知觉、情感"[8]也被一并卷入虚拟空间中。长期以来，以往有关玩家游戏使用与沉浸的研究一般从认知心理学的角度展开，认为网络游戏玩家的沉浸来源于"刺激—反应"或"使用—满足"等经典的认知反应模式。在这一范式之下，沉浸要么来源于纯粹建立在游戏参与、社交互动、游戏消费等虚拟化的机械测量，要么遁身于一种混沌的心流体验，而忽略了技术与身体图式之间流动着的微妙而又紧密的联系。

因此，在技术哲学与现象学的理论视阈下，本文主要探讨了拥有"肉身"与"化身"的身体如何影响网络游戏中玩家的远程在场以及沉浸感，思考元宇宙的游戏实践是否可以逾越肉身，以及展望了在元宇宙的背景下具身游戏的可能路径。值得注意的是，在使用技术哲学或现象学视阈来切入"具身"时，从意涵上来看，具身作为一种代理形式（embodiment as a state of being）和作为一种虚拟动作（embodiment as an act）仍有区别。前者将在本文第二部分着重关注，后者则将在本文第三部分探讨。

二、数字孪生：元宇宙下的玩家虚拟在场的存在方式

Avatar，也称数字幻身。最早源于1992年由尼尔·斯蒂芬森（Neal Stephenson）创作

的科幻小说《雪崩》（*Snow Crash*），指的是“一种通过计算机技术拟人化的视觉表现形式”[9]。

2020年前后，在Epic Games旗下的《堡垒之夜》游戏中，欧美知名音乐人棉花糖（Mashmello）与特拉维斯·斯科特（Travis Scott）借助数字幻身、动作捕捉、虚拟引擎等渲染技术，先后在游戏场景中成功举办了极具梦幻效果与沉浸体验的虚拟演唱会，共吸引了超2500万玩家的参与。通过运动捕获、3D建模、深度学习、语音合成、数字孪生等技术，正如《头号玩家》中的预言，未来每个主体都将会在元宇宙中拥有自己的“数字化身”。

通过运动捕获、3D建模、数字孪生等技术，国风虚拟偶像翎Ling、乐华的A-SOUL虚拟女团等“超写实虚拟偶像”开始入驻线上社交平台，与王者荣耀、李宁等现实品牌达成合作。基于全息投影技术，这些虚拟偶像也实现了对虚拟现实的双重跨越：与实力歌手同台献唱、与直播间主播合作卖货等。与此同时，诸如AcFun面捕助手等智能偶像生成工具的出现，使用户仅利用电脑摄像头等简单硬件，就能捕捉手部、上半身转动等精细动作，完成对自我“数字化身”的设计。不难想象在不久的未来，借助VR/AR等设备，用户能够突破游戏场景的限制，与其他数字化身或用户在虚拟场景中进行交互，真正达到身“化”合一的深度融合。

梅洛-庞蒂认为身体是知觉和行为产生的主体，“就其观看和触摸世界而言，我的身体既不能被看见，也不能被触摸”。这看似与数字孪生技术下提出的“数字幻身”相悖，其实梅洛-庞蒂这种对肉身唯一性的强调，从侧面展现出“幻身”与“本体”之间无法弥合的技术真空。肉体是不能被自身认识的，比如我们常常发现，从个体在说话、歌唱时，从人耳知觉到的声音通过身体的中介发生了变异，呈现出与复读机等技术中介不同的声音效果。在元宇宙游戏中，如通过游戏中的捏脸功能，玩家倾向于塑造一个“自我知觉”下失真的自我，而无法通过知觉对本体进行精准复刻。维利里奥也认为，这种由“视觉假肢”反映的世界实际上是失真的。

在场（presence）则是元宇宙游戏必须征服的另一个难题。从语义上来看，临场感（presence）指的是“非中介化的知觉错觉”。然而在研究与实际使用中，沉浸感（immersion）、参与度（engagement）与临场感（presence）一直存在混用的现象。

目前，与这种“远程幻身”愿景最相近的莫过于沉浸式戏剧与无声蹦迪（silent disco）的诞生。在风靡全球的沉浸式戏剧*Sleep No More*中，一群头戴相同白色幽灵面具的观众跟随演员在场景中自由穿梭。这种去身份化的“面具”使观众能以幻身形象与场景中的人物、物品进行交互。而欧美世界开始流行的无声蹦迪则强调参与者佩戴相互联通的外接耳机，随时将公共空间变成临时的舞池俱乐部。根据约瑟夫·施泰尔（Joseph Steuer）对虚拟现实的分类纬度，以上两种游戏形式通过面具、外接耳机等技术中介，均实现了虚拟现实倡导的生动性（vividness）和互动性（interactivity）两大目标[10]，且通过个体身体与真实物质环境的交互，实现了原生知觉与技术中介知觉的深度沉浸。

与这种半中介化的娱乐方式不同，元宇宙打造的虚拟空间中，空间性得到无限的拓展。借由数字幻身，玩家能够完全脱离物质实体对虚拟空间进行自由探索。如在上文《堡垒之夜》的演唱会上，特拉维斯·斯科特（Travis Scott）以脱离现实肉身比例的巨人形象从天而降，玩家也无须被设置在固定的位置抑或是与其他玩家发生肢体接触，而是能够随意出现在空间中任意角落，从任意角度观看整场演出。

有关"身体—空间"之间的关系，梅洛-庞蒂提出了"身体空间"的概念。此身体的空间性并不指如物体的空间感那种基于位置的空间，"而是一种处境的空间感"。在此，梅洛-庞蒂使用抽烟者的例子，"我以一种绝对能力知道我的烟斗的位置"，并由此知晓了身体各个部位的具体位置。紧接着，梅洛-庞蒂提出，身体本身就是图形和环境结构中的第三项，任何物体的图形都会在外部空间和身体空间同时得到双重显现。

在虚拟在场的逻辑下，玩家在虚拟时空中的"身体空间"必须经由游戏幻身所中介。这也使得玩家的"身体空间"是基于虚拟游戏场景的空间知觉。梅洛-庞蒂认为，当身体理解了运动，也即身体把运动并入自我"图式"中，运动才可能被习得。因此，"不应该说我们的身体是在空间里，也不应该说我们的身体在时间里"。我们的身体则寓于空间和时间的统一中。总之，我们的身体图式也是一种身体的时间结构，"知觉在于根据当前的位置重新把握一个套着一个的一系列以前的位置"。在游戏的过程中，一方面，玩家的身体空间不断通过对手柄、VR 眼镜等外接设备的控制，修正了游戏幻身在游戏中的空间位置。另一方面，不断的重复游戏过程，也使游戏空间不断被习得且最终并入玩家的身体图式中。

三、技术图式:技术具身下的知觉重塑与人机交互

"具身"(embodiment)概念起初产生于现象学，呼吁研究者对身体经验的回归。胡塞尔率先提出知觉对象与知觉的分离。海德格尔则进一步旗帜鲜明地提出身体的重要性，他认为身体的存在是经验获取的前提，是知觉与客体互动的介质。梅洛-庞蒂认为身体既可以是"认识的视角"，也可以是"知觉的主体"。随着新媒介技术的不断嵌入，"人—世界"的互动图式也逐渐被"人—技术—世界"的交互模式所替代。现象学与技术哲学对身体与技术的嵌入关系也分离出两种不同的研究路径。

正如康德在《纯粹理性批判》中所述，我们认知的是事物的显象(appearance)，而不是事物本身[11]。乔治·莱考夫(George Lakoff)等则进一步归纳出基于生理交互、肌动交互、身体投射的 3 种具身概念，其中，生理交互强调视网膜中的视锥细胞与不同波长色彩的触发反应；肌动交互指的是肌群在面对物质对象如椅子等所涌现的固定的肌体动作；身体投射则侧重于展示肉体于环境空间中其他对象的相对投射[12]。新康德主义的代表人物克里斯·弗里思(Chris Frith)、梅青格尔等在脑科学发展的基础上，提出一种预测加工理论，认为知觉并不来源于人脑的即时反应，而是基于环境信息输入的一种系统化的感官预期编码，并在行动中随时修正[11]。

技术哲学则更加关注个体与技术之间的嵌入深度，有学者将人机关系进一步细分，包括具身、解释(hermeneutic)、异体(alterity)、背景(background)。其中，具身关系指人体通过穿戴智能设备实现人机协同；解释关系强调用户通过对计算机合成内容的解读与反馈完成交互；异体关系指脱离人体行动的计算机模拟或人工智能行动；背景关系则侧重于技术

如何嵌入人类社会、生活文化背景。

目前,对沉浸感有两种较为认可的定义:一种是指玩家对网络游戏的参与程度[13-14];另一种指在一段时间内玩家体验到现实环境被虚拟游戏环境所代替[15]。对前者来说,为了打造"身临其境"的游戏体验,如海德格尔所说,控制设备应保持"随时可用"(ready-to-hand)的状态。具体而言,在网络游戏中,"随时可用"指的是当我准备游戏时,鼠标作为手的延伸已经就位[16]。当玩家没有意识到它是中介工具时,技术才能促进一种具身感[17]。当我发现在鼠标的引导下游戏中角色并没有按照我的想法行动时,先前的"全神贯注"被打断,鼠标重新成为关注对象,即"此刻在手"(present-in-hand)。

与5D电影这种通过物理空间与现实环境变化来对知觉进行欺骗的方式不同。游戏玩家能够直接通过鼠标键盘与侠客、赛车、卡通人物等直接可控化身进行联系。在游戏的过程中,场景的镜头如赛场的实况视野,成为玩家身体的视觉假肢的延伸。有学者认为,玩家通过对鼠标的点击与游戏反映出的实时位置的变化,感知电脑屏幕中虚拟形象的置换[18]。玩家对游戏场景的认知也能够通过身体空间进行互动,最终使玩家的知觉和身体的双重性质延伸到电脑屏幕空间作为主体和客体。

如近几年爆火的微信小游戏《跳一跳》中,玩家被要求通过控制对屏幕点击的时间,操纵屏幕中央的图标,不断在距离间隔不同的立方体上进行跳跃而不坠入立方体周围的悬崖中。该游戏成功的关键在于个体能够通过对游戏场景的观察,对虚拟空间中不同立方体的位置、距离进行正确认知,并通过屏幕点触做出正确的交互反应。研究发现[19],在《俄罗斯方块》游戏任务中,有经验的玩家比缺少游戏经验的玩家有更好的游戏表现,前者更善于使用额外动作来消除棋子。这也说明在技术的中介下,人体与机器具身互动的经验生成了一种新的"技术身体图式"。

除了"点触交互"的移动手游,使用更多甚至全部身体作为交互设备的具身游戏也是当下元宇宙游戏发展的热点趋势。如由美国游戏公司开发的VR游戏*NBA 2KVR*、日本游戏公司Nintendo开发的Wii手柄,通过实时的动作捕捉,佩戴控制器的玩家可以进行虚拟空间的投篮、健身、跳舞等运动。毫无疑问,这种在虚拟空间获取的知觉经验与技术身体图式已经超越了一般知觉体验的范畴,还将直接作用于现实生活。身体随之成为游弋于虚拟与现实之间的第三中介。

四、场景再造:基于虚拟现实技术的具身社交与玩家互动

元宇宙游戏还将带来在线社交3.0的场景革命。从在线会议、社交机器人到电子身份证、虚拟货币,元宇宙将逐渐步入一个分布式、去中心的、自组织的开放系统。2021年,Meta元宇宙游戏*Horizon Worlds*上线。通过Oculus虚拟现实头盔,玩家可以在世界中创造一个具有上半身的虚拟化身。元宇宙的开放性也使*Horizon Worlds*支持并鼓励用户对虚拟社区、游戏场景等进行开发与创造。在*Horizon Worlds*中,代码被储存为近似图形处理工具图层的代码包,极大降低了用户搭建个性化场景的门槛。与此同时,当*Horizon Worlds*

在虚拟空间中搭建起一个公共广场时，玩家在此聚集、交谈、互动，且还会定期举办喜剧表演、电影之夜和冥想课程[20]。

从 *Horizon Worlds* 的实践中可以看出，一种新型具身社交消费的元场景正在被搭建。通过对技术与体验的进一步融合，网络游戏作为一种大规模参与式媒介（massively participatory medium），能够实现对网吧、密室、剧本杀、KTV、健身房、影院、主题乐园等传统线下社交的场景整合。VR 体验馆与家用型 VR 设备的出现使得用户得以摆脱肉身环境的束缚，实现比现实社会更加丰富的娱乐、休闲、教育、购物一站式的体验服务。

即便梅洛-庞蒂没有预料到全真互联网、赛博人的到来，但其具身化思想仍对当下的具身化社交的发展趋势有借鉴意义。梅洛-庞蒂认为人的身体有以下三种属性：第一，作为物质存在的肉体。第二，通过身体经验学习的身体机能与技巧。第三，通过与其他具身存在互动而成为社会的文化背景[21]。换言之，作为社会文化背景，一方面，通过玩家与虚拟幻身的交互，线下形成的社会文化结构与身体图式也被"平移"至线上，如网络游戏中的社交板块往往会设计玩家间拟真的身体互动，如不同的数字幻身可以在线拥抱、牵手、打招呼等；另一方面，基于全新的虚拟现实交互手段，新兴的元宇宙互动方式也在形成。正如伊恩·哈奇比（Ian Hutchby）所说，行动的可能性在技术中浮现。

总之，元宇宙下的个人存在于真实与模拟环境交互的混合空间中。在此场景下，个体不仅存在于可以感知到自己、物体与他人的空间性中。与此同时，也时刻浸染于连接物体、社交互动等构成的文化网络中，最终形成了一种新的元宇宙社会文化网络。该网络一方面由元宇宙所需的物质组建如 VR/AR 硬体等组成，另一方面由规范和塑造元宇宙空间的行为、交往的社会网络构成。

五、元宇宙生态下的身体迷思与技术风险

毫无疑问，在人工智能纵深的未来，高度拟真、深度沉浸必将成为智能具身技术发展的趋势。数字孪生、知觉重塑、场景再造……元宇宙正在逐步实现人类对未来的共同愿景。其中，具身化和制度化构成了新媒介技术塑造人类行为的两个环节，前者意在捕捉媒介技术与人类身体间复杂的相互建构关系，后者意在捕捉技术中介下元宇宙对人类互动的影响。借助远程在场技术，人们以虚拟化身的形式聚集在一起。在这个与物理世界无缝叠加的虚拟空间中，用户实现社交、娱乐、工作、学习等现实生活中的相同需求。与此同时，高度拟真、深度沉浸等媒介技术对人体的高度嵌入，以及欣赏性与服务性的强 AI、智能主播等虚拟数字人对日常生活的深度浸润也引发了一定的思考与伦理问题。

首先，从数字孪生、虚拟原生到虚实共生、虚实联动，元宇宙游戏中"万物幻身"，是否意味着人与非人能成为平等的行动者？从全球范围来看，虚拟数字人走出虚拟空间、直接参与社会生活已经屡见不鲜。从最早举办单人演唱会的虚拟偶像初音未来，到近年来兴起的国风虚拟人翎 Ling。虚拟数字人的属性与身体主权问题还有待考量。一方面，随着虚拟数字人生成的技术门槛越来越低，未来可能就会解决这一问题。另一方面，在玩家与虚拟数

字人的互动过程中，玩家是否还需遵守与现实世界相同的行为准则。

其次，元宇宙游戏实现“万物拟真”，如何保护玩家“数字幻身”的数据安全与身体隐私？在 *Horizon World* 的内测期间，就曾有女性测试者报告有其他玩家试图在游戏广场对自己进行性骚扰。虽然该游戏公司随后在游戏中推出了私人边界(personal boundaries)功能，默认每个虚拟化身间保持约 1.2 米的距离，但这也表明玩家“数字幻身”的数据安全与身体隐私是未来游戏开发者和政府等机构需要着重关注的对象。

最后，元宇宙游戏是否存在一定的场景边界？抑或这种边界是什么？以沉浸式话剧为例，虽然表演过程中观众被允许在话剧场景中自由移动，但在探索过程中也会遇到标有“请勿入场”的房间。显然，这种禁止标语标志着任何观众不得进入，因为它不是表演的一部分，但总有人好奇禁区外是什么。正如各国互联网公司正加紧在云平台的布局，云上数据互通无限，作为物质载体云主机却有容量的边缘。由此可知，虚拟的云宇宙空间虽无边无际，但承载其信息的硬件层，主要指 VR 硬件与 5G 通信技术等却有尤其固有的物质性边界。

参考文献

[1] 国际金融报. 脸书入局的元宇宙是什么[EB/OL]. (2021-07-28)[2022-07-02]. https://baijiahao.baidu.com/s?id=1706523612856702866&wfr=spider&for=pc.

[2] 马化腾. 坚守正直的信仰 让连接创造价值[EB/OL]. (2020-12-01)[2022-07-02]. https://baijiahao.baidu.com/s?id=1684871456214097128&wfr=spider&for=pc.

[3] 刘海龙，谢卓潇，束开荣. 网络化身体：病毒与补丁[J]. 新闻大学，2021(5)：40-55+122+123.

[4] 孙玮. 交流者的身体：传播与在场——意识主体、身体-主体、智能主体的演变[J]. 国际新闻界，2018，40(12)：83-103.

[5] 刘海龙. 向身体敞开：传播研究中的身体议题[EB/OL]. (2021-11-18)[2022-07-02]. https://mp.weixin.qq.com/s/EwwRFN-xA_Nyhau7nH_acQ.

[6] Barlow J P. A declaration of the independence of cyberspace [J]. Duke law & technology review, 2019, 18(1):5-7.

[7] Ehrsson H H. The experimental induction of out-of-body experiences [J/OL]. Science, 2007, 317 (5841):1048. doi:10.1126/science.1142175.

[8] 张洪忠，斗维红，任吴炯. 元宇宙：具身传播的场景想象[J]. 新闻界，2022(1)：76-84.

[9] 李彪，高琳轩. 游戏角色会影响玩家真实社会角色认知吗？——技术中介论视角下玩家与网络游戏角色互动关系研究[J]. 新闻记者，2021(5)：67-82.

[10] Steuer J. Defining virtual reality: dimensions determining telepresence [J]. Journal of communication, 2010, 42(4):73-93.

[11] 扎哈维. 脑、心、世界：预测编码、新康德主义与超越论的观念论[J]. 李恒威，康文煌，译. 世界哲学，2021(1)：148-159+161.

[12] 莱考夫，约翰逊. 肉身哲学：亲身心智及其向西方思想的挑战[M]. 李葆嘉，孙晓霞，司联合，等译. 北京：世界图书出版有限公司北京分公司，2019：21-36.

[13] Coomans M, Timmermans H. Towards a taxonomy of virtual reality user interfaces [C] // Proceedings of 1997 IEEE Conference on Information Visualization (Cat. No. 97TB100165),

London, 1997:279－284.

[14] Haywood N, Cairns P. Engagement with an interactive museum exhibit [M] //McEwan T, Gulliksen J, Benyon D. People and computers XIX—the bigger picture: proceedings of HCI 2005. London: Springer, 2005.

[15] Brown E, Cairns P. A grounded investigation of game immersion [C] //CHI'04 extended abstracts on Human factors in computing systems, April 24－29,2004:1297－1300.

[16] Dourish P. "Being-in-the-world": embodied interaction [M] //Dourish P. Where the action is: the foundations of embodied interaction. Cambridge: MIT Press, 2004:99－126.

[17] Farrow R, Iacovides I. Gaming and the limit of digital embodiment [J]. Philosophy & technology, 2013,27:221－233.

[18] 马元龙. 身体空间与生活空间——梅洛-庞蒂论身体与空间[J]. 中国人民大学学报，2019，33(1)：141－152.

[19] Kirsh D, Maglio P. On Distinguishing Epistemic from Pragmatic Action [J]. Cognitive science, 1994, 18(4):513－549.

[20] Heath A. Meta opens up access to its VR social platform Horizon Worlds [EB/OL]. [2022－03－24]. https://www. theverge. com/2021/12/9/22825139/meta-horizon-worlds-access-open-metaverse.

[21] Dreyfus H L. The current relevance of merleau-ponty's phenomenology of embodiment [EB/OL]. [2022－03－24]. www. focuising. org/apm_papers/dreyfus2. html.

元宇宙语境下空间新闻学的实践与发展

张婧怡[①] 叶欣平[②]

【摘要】 随着虚拟现实技术的发展，元宇宙被提出并逐步进入实践应用领域，视听传播体验更具有沉浸感，同时，在以虚拟现实(VR)、增强现实(AR)技术为基础的元宇宙语境下，新闻报道也被赋予了兼具空间感、时间跨度的叙事风格。本文通过分析 VR、AR 对新闻报道的影响，探讨当前空间新闻学实践中的应用与问题，以及元宇宙场景下新闻报道的未来发展方向。

【关键词】 虚拟现实；空间新闻；新闻叙事；元宇宙

1992 年，美国作家尼尔·斯蒂芬森在小说《雪崩》中最先提出了“元宇宙”概念：“戴上耳机和目镜，找到连接终端，就能够以虚拟分身的方式进入由计算机模拟、与真实世界平行的虚拟空间。”

30 年后，随着 VR 技术的推广普及，虚构文本中的想象有了更为具象化的可能：2021 年 3 月，元宇宙概念第一股罗布乐思(Roblox)在美国纽约证券交易所正式上市；10 月，美国社交网络巨头 Facebook 公司在当地时间 28 日宣布公司更名为 Meta，进军元宇宙……技术正让 VR 游戏、AR 空间、VR 新闻真实出现在社会生活中，平行于真实世界的虚拟空间不断成为现实。

随着 VR、AR、MR 技术的发展，新闻内容也获得了以 VR 技术为主的新媒介传播。2012 年，圣地亚哥州立大学的施密茨·魏斯(Schmitz Weiss)博士提出“空间新闻”概念，将空间新闻定义为“将空间、地点和位置纳入过程和实践的新闻”，并开发了用于移动设备的 AztecCast 应用程序——使用地理定位技术，为学生提供地理信息，学生可以了解到任何特定建筑的事件和新闻[1]。

技术的迭代让新闻有了被感知、被了解的新方式和新可能。从纸媒广播到电视报道，再到新媒体，新闻事件传播形式的更迭始终以技术为基础，而 VR、AR 技术的出现和元宇宙的发展，或许不仅能为新闻工作者提供新闻报道的崭新形式，更有可能是一次改变新闻

---

① 中国传媒大学电视学院本科生。

② 中国传媒大学电视学院本科生。

报道模式、重构新闻叙事秩序的新机遇。

一、理解元宇宙视角下的空间新闻

在元宇宙的设想下，人们可以在技术搭建的虚拟空间中，用虚拟角色购物、社交，体会平行于现实社会的另一种生活。随着元宇宙概念的普及和落地应用，新闻行业也有了更具沉浸感的传播路径。

2013 年，美国甘内特传媒集团旗下《得梅因纪事报》与纽约电影公司 Total Cinema 360 合作推出解释性新闻节目《丰收的变化》，将虚拟现实和游戏元素融入新闻中，戴上 VR 设备，读者可以用 360 度全景视角行走于虚拟农场中，搜集农场线索，了解新闻中所讲述的美国农业、农场的变迁与现状。这一项目作为用技术构建沉浸空间、还原新闻位置和现场的空间新闻，上线当日的报道点击率就远远高出其他内容。不难看出，新闻现场环境的互动性、融入感和在场感是以虚拟现实技术为基础的空间新闻的关键特征。

纵观空间新闻作品和其中的虚拟独立空间，技术都是构建新空间过程必不可少的重要一环：想要进入新闻空间、回到新闻发生现场，首先要依托 VR 眼镜、头显及其背后的虚拟现实技术，这意味着我们所提及的元宇宙世界、提供完全沉浸新闻现场的空间新闻，如果没有技术作为底层基础，都将受限于一层虚幻的想象力泡沫，在技术变革时代的今天，任何行业的新尝试显然都不能脱离技术的地基。

当具备足够的技术支撑时，VR 等技术构建的亲临场景的空间新闻，也能够在应用落地过程中显示出其优势和特点。

1. 在场感下的共情

今天的新闻受众比以往更需要在场。后真相时代，信息芜杂环境下的新闻真实已颠覆原有新闻秩序，被多重信息包围的新闻受众作为构建、参与新闻传播的主体，显然需要更广阔的视角和更客观的新闻真实性。

VR、AR 等技术的应用，恰为新闻受众提供了亲临新闻发生现场的机会。

观众可以体验怎样的现场？2017 年美国《前线》(*FRONTLINE*)节目组推出的沉浸式 VR 新闻作品《监禁之后》(*After Solitary*)提供了一种案例。《监禁之后》通过全景图片和音视频，讲述了犯人肯尼·摩尔在缅因州监狱压抑、绝望的监狱生活，以及被释放后其内心的挣扎。体验这一新闻作品时，观众可以一边倾听肯尼的讲述，一边选择不同的房门和视角，窥见狱警暴力制服犯人，听到监狱内嘈杂的人声——狭窄封闭的 VR 空间内，是弱势群体的挣扎与困苦。正如 *WIRED* 杂志撰稿人凯莱布·加林(Caleb Garling)所说——观众能够感受到“擦过头顶的子弹的力量”——空间新闻所提供的在场感，不止让受众可以通过媒介体会地域空间中正在发生的现实，还能够让受众在心理上产生情感连接，唤起受众在场后的情感参与。

在空间新闻中，受众能够从新闻主角的角度深入挖掘新闻事件，借助数字化身份，进入一个按比例再现的新闻故事场景中，体验新闻现场、还原新闻事实[2]。同时，在技术加持下,受众也可以在听觉、嗅觉甚至触觉上多渠道还原与感知新闻场景,在产生互动的同时,更深刻地理解正在发生的新闻故事,达成情感共鸣。

2. 自主选择下的高信任度

在《得梅因纪事报》的沉浸式新闻节目《丰收的变化》里,新闻受众在感受农场场景的过程中,可以通过360°全景视角,选择去往农场的哪个方位,查看农场的哪个角落,从而更主动地选择新闻内容。这意味着,空间新闻所赋予新闻内容在地域和时间上的广度,也让新闻受众具有了更强的新闻"选择权"。

在移动互联网早期(Web 1.0时代),用户与信息之间的关系是用户被动浏览摄入信息,网站单向提供信息。到了Web 2.0时代,主动选择、传播与创作信息成为主流,空间新闻则让新闻内容在兼具交互性的同时,赋予受众自主选择新闻视角的权利。

值得提及的是,高度自主选择的机会也让新闻的客观性得到提升,新闻媒介单向传播的功能被弱化,取而代之的是新闻用户自行考察、理解新闻现场的空间选择,正因为空间新闻所提供的客观性和赋予受众的高度自主选择权,新闻受众才能获取对新闻更加全面、高覆盖度的理解,也因此空间新闻比过往的文本类、单一视听类新闻内容获得更多的信任。

与其说空间新闻比文本类新闻更能让受众信任内容,不如说是让受众更信任媒介本身,在以VR、AR作为媒介的新闻内容中,麦克卢汉所提及的"媒介即讯息"的理论得到进一步论证——空间新闻与受众之间多重意义的联结能够提供多个视角下的新闻"第一现场",最终指向用户对于信息的专注力和感受力。

3. 拟态环境的重构

技术的更迭意味着想象力的具象化,文字、视频文本如是,VR、沉浸式文本亦如是。拟态环境理论认为,大众传播的用户多数只能通过新闻机构去了解未曾经历的世界,而用户的评价与行为也不是对客观事实和环境的反映,而是由他们的想象力绘制的图景和他们对新闻机构拟造的信息环境做出的反馈。

然而在元宇宙语境下,空间新闻给出了新闻机构的另一种可能性:去媒介化。

例如,在上述新闻作品《监禁之后》中,观众"进入"新闻现场后,能直接体验监狱场景中密闭潮湿的房间、暴力执法的训斥声,并在犯人的自述中,感知监狱这个不为人知的场景和罪犯群体的真实生活。媒介作为感官的延伸,往往能让受众在亲自体验的过程中,更加直截了当地理解新闻中所蕴含的人文关怀。

在新闻的沉浸式传播过程中,受众具备"亲临"而不是"仿佛亲临"的信息感知能力,这意味着,在拟态环境中,新闻用户根据新闻机构提供的信息而想象出的新闻图景被更彻底地具象化——在空间新闻里,虚拟与现实之间的界线不断模糊,而固有概念中的拟态环境也被打破甚或重构。新闻机构作为一种媒介,对于受众的干扰将被不断弱化,取而代之的是,受众开始感受真实发生的新闻场景,而不是新闻机构传递信息后,由想象力构造的场景。

二、空间新闻的实践与问题

在元宇宙语境下，VR 新闻现场有着极高的参与度，VR/AR 技术的发展的确给予新闻观众更多参与权，然而，在不断深入的应用中，空间新闻也面临着不少问题。

1. 信息接受度的降低

尽管 VR 等关键技术带来了高信任度，但信息低接受度的弊端也同时显现。如果在新闻制作与传播的过程中，技术的新奇感代替了内容的吸引力，那么新闻事实也将失去意义。技术带来的“注意力垄断”，恐怕会使新闻叙事的内容“失焦”。

2021 年全国“两会”期间，新华社新媒体中心推出沉浸式 VR 新闻《听会》，通过 VR 技术还原虚拟场景下的人民大会堂，进入新闻，观众就可以选择会场、体验不同位置和视角下的两会、听取报告。

不能否认的是，虚拟现实在很大程度上提供了视角的多样性，让观众体验到亲临“两会”举办地的现场感。在可以自如“虚拟行走”的两会会场中，新闻用户又是否会面临除了新闻事件本身外的更多“噪声”？

例如，观众是否会将对于“两会”内容本身的注意力转向会场的布置、VR 的使用、不同视角的选择……而因此忽略了 VR 技术在新闻中的原本作用——传递更真实的新闻，而不是更富有选择性的现场。

一些新闻媒体已经做出了“聚焦视线”的尝试。美国 CNN 电视台旗下的天气预报栏目 *The Weather Channel* 的节目 *Hurricane Florence*，通过 AR 技术模拟飓风灾害袭击佛罗伦萨时的场景，节目在 AR 新闻内容中，通过设置主持角色，让主持人作为新闻的“引导线索”，将记者、主持人等角色转变为“伙伴”带领新闻观众一同亲临新闻现场。跟着主持人的脚步走进飓风灾害现场，既可以看到自然灾害对城市带来的影响，又能够在主持人的介绍下，了解灾害产生的原因与缓解措施——这既把观看的多重视角交给了观众，又避免了在空间新闻传播过程中产生的叙事失焦，灾害情况在主持人的讲述中得到强调，新闻信息也得到精确有效的传递。

可见，空间新闻的技术加持固然重要，但其报道中的信息接受度、新闻价值仍应当被关注，如在虚拟会展类的新闻中，当噱头和展示意义盖过了实际的内容价值时，需要新闻生产者在制作传播过程时，摆脱“浅层”沉浸感、新鲜感和好奇心的束缚，将受众的注意力转回新闻事实本身。在全景叙事中，有针对性和要点，才能讲好、讲深新闻故事。

2. 空间新闻的娱乐化趋向

“娱乐至死”业已成为老生常谈的话题，今天迭代革新的技术也给人类社会带来了更新鲜多元的娱乐方式。例如，在元宇宙的概念风行时，非同质化通证（NFT）、Web 3.0 和区块链技术等随之被炒热，明星周边 NFT 产品一度成潮流。然而，当虚拟技术应用在新闻生产与制作中时，新闻内容应该被娱乐裹挟吗？

在元宇宙语境下，空间新闻的娱乐化往往从炒出来的“稀有”开始。

美联社是第一个涉足 NFT“币圈”的新闻机构。2021 年 3 月，美联社做出了新闻机构第一次在 NFT 领域的尝试，其以 18 万美元售出一幅报道美国总统竞选的数字艺术品，名为《大选：来自外太空的视角》；传统主流媒体也跟上了进军 NFT“币圈”的步伐，也是当年 3 月，《纽约时报》科技专栏作家凯文·罗斯（Kevin Rose）的一篇介绍 NFT 的专栏文章以 NFT 的形式进行了拍卖，最终以 56 万美元高价售出。

在元宇宙视角下，新闻的 NFT 化当然无可厚非，作为元宇宙世界通行货币的 NFT，显然也赋予了新闻内容更多元的价值和独一无二的存在意义。但是，NFT 数字藏品下的收藏属性、稀缺性，是否会将新闻推向另一个深渊：对于客观事实的报道成为被拍卖的资本或商品，当新闻被资本挟持，新闻还是新闻吗？或者，如果新闻作品也被产品化，NFT 等产业链又是否会加入新闻生产的全过程，从而影响新闻原有的客观性和公正性？

除此以外，在新闻选题的选择上，新闻制作者也面临着有关伦理道德的挑战。例如，在战争冲突等报道中，血腥、激烈的争斗场面是否应该用 VR 技术“还原”？在进行有关毒品、色情等不良内容的报道时，过于生动形象的新闻现场，又会不会带来并非报道者本意的负面效果？新闻生产尝试提供更好的故事时，更生动和沉浸的在场感固然重要，但却也容易让悲剧、带有启示作用的故事“廉价化”[3]。

事实上，21 世纪初，“新闻游戏”的兴起就为今天元宇宙视角下的空间新闻提供了一些参考。2005 年，《救救达尔富尔》《预算英雄》《麦当劳视频游戏》和《宠物工人》等新闻游戏作品，围绕企业问题、公司贪污问题，以游戏的方式传播新闻内容，帮助用户更全面、更深刻地理解新闻、反思新闻。新闻游戏的兴起和发展之所以并没有引起大声量的伦理道德探讨，是因为新闻游戏最终的落点在于游戏而非新闻。例如，在 BBC 制作的文字冒险游戏《叙利亚之旅》中，玩家选择男性或女性难民角色后，帮助角色逃离叙利亚，经过土耳其或埃及，最终到达欧洲。在玩游戏之前，用户已经在媒体过往对于叙利亚难民的叙述中对游戏涉及的新闻有所了解，游戏是在原有新闻内容上的再延伸，而非对于原新闻内容的详细阐释。新闻游戏作为信息传播近些年的新尝试，也带给新闻工作者一种新思考：当新闻媒介的样态不断丰富时，究竟什么内容是应该被具象化的？

社会生活的重构与具象化本无对错，但在新闻工作者“重现”现场的过程中，或许应该更谨慎地选择新闻选题和新闻传播形式——选择呈现关键的、具有启示意义的事实，而非刻意吸睛，这也是在技术更迭的新闻时代，每个新闻工作者应该遵守的基本原则。

三、空间新闻的发展与未来

在元宇宙的想象中，用户拥有虚拟形象，身份、交易、生活环境甚至性格特征都将被“模拟”，一个完整成型的元宇宙世界，更像是一款完全虚拟的未来产品或以一种崭新的社会模式呈现。

当我们提及“空间新闻”时，却并非意在将新闻转变为一种产品，而是在探讨新闻的未来形态，探索新闻生产与制作的更多元可能、更多种挑战。

1. 新闻生产方式的未来

站在新闻的发展和未来视角上看，空间新闻的发展或将首先带来新闻生产方式的变化。

2022年北京冬奥会被称为首届“数字孪生”冬奥会，在冬奥赛事转播的过程中，受限于疫情等原因，转播团队无法全部赶到现场进行实时转播，因此，团队依托数字孪生技术(digital twin)打造了虚拟交换(VSS)数字孪生场馆模拟仿真系统，为新闻转播团队提供了便利。

在数字孪生技术的加持下，一个信息化的虚拟“孪生”奥运场馆被建构出来：转播过程中，奥运转播团队可以直接通过模拟拍摄角度选择合适的机位进行转播，在虚拟场景中，新闻制作者只需要把数字孪生系统中的摄像机挪动到合适的位置，调整至合适的摄影参数拍摄画面，最后输出成汇聚各个切播镜头的视频，就能在真实应用中复制方案。

这意味着，在未来元宇宙空间的新闻生产，特别是在体育新闻生产中，机器生产内容(MGC)或将成为常态，人机协作的形式或将催生出机器主导、人工辅助的业态[4]。新闻转播、新闻生产与传播将迎来新的方式：从集体现场协作的传统新闻生产，到线上虚拟协作的空间新闻生产——新闻生产方式、新闻编辑团队的工作模式，也将在虚拟现实、数字孪生等技术的帮助下更加便捷迅速，应用在更多新闻内容的制作与传输过程中。

2. 新闻成本与盈利模式的挑战

尽管在空间新闻中，关于新闻叙事的新图景已然隐隐显现，但VR/AR等科技加持下的新闻作品盈利问题、生产制作与新闻成本的回收问题仍是空间新闻将在未来面对的不小挑战。

在空间新闻的生产过程中，对现场环境的采集技术、搭建还原场景的虚拟现实技术及空间新闻的后期传播渠道，都将耗费大量人力、物力和财力。举例来说，《得梅因纪事报》的VR作品《丰收的变化》由22位新闻工作者共同参与制作，总时长超过320小时，制作费用5万余美元；美国公共电视网制作的埃博拉病毒侵袭西非地区的VR新闻报道从前期准备到后期制作完成耗费了几个月的时间[3]。

尽管空间新闻的时效性被重构，但面对VR/AR技术在新闻制作中耗资巨大的应用，新闻机构是否有能力通过作品的传播将成本完全回收？同时，如果面对流量小、用户少的空间新闻报道，新闻机构势必在后期传播和舆论的基础上再做推广，此时，空间新闻作品又是否会为了成本的回收，演变出新的盈利模式？让技术辅助新闻，本是空间新闻发展的底层逻辑，但若成本回收和盈利模式成为新闻机构在制作空间新闻过程中关注的主流，或许会形成与之相反的局面——新闻屈从于技术，这显然不是行业和社会所想看到的。

四、结语

从1956年首次探讨人工智能的达特茅斯会议开始，人类对于人工智能、机器学习的想象已经延续了近一个世纪之久。然而，在无数次技术的更迭和思想的碰撞中，有一个问题始终萦绕在人工智能发展之上:"人是机器吗?"

"人工智能之父"马文·明斯基(Marvin Minsky)认为,"人不过就是脑袋上顶了个计算机的肉机器。"欧陆派哲学家休伯特·德莱弗斯(Hubert Dreyfus)则批判人工智能,认为机器不能代替人,应该明确"机器不能干什么"……在技术的发展过程中,关于伦理道德和人性的讨论从未停息。

而今天,对元宇宙的想象,其实也是建立在新技术上的思想延伸:一个虚拟世界的"新宇宙",本质上仍是人与人的交往、信息与信息的互换。在将元宇宙代入新闻生产、传播中时,我们为空间新闻中有关客观性、悲剧"廉价化"等问题感到忧虑,也能够欣喜地发现,信息的传播正通过新的技术改变社会的交流方式,让人类对事物、对世界的了解更清晰、更具象。

显然,空间新闻仍有许多实践中会面对的新可能与挑战:空间新闻中的叙事逻辑和叙事架构是否会改变?空间新闻意味着崭新的虚拟空间建构,在这种元宇宙的叙述下,会不会出现新闻讲述的社交化?空间新闻所面对的用户群体是怎样的,人人都能接受 VR 新闻吗,新闻又是否会面对受众群体老龄化等问题?新闻元宇宙语境强调去中心化,会否带来新闻职业工作边界的消弭?

这些也许令人欣喜,也许令人焦灼的可能性,都让新闻生产、信息传播有了一个略显模糊,却值得探索的未来。

在元宇宙发展的早期,虚拟空间的环境仍将是现实社会一个参不透的"镜像",但可以确定的是,建立在空间还原、虚拟现实技术之上的新闻,仍将首先展现真实客观的事件本身,然后再是对于事件的"还原"与"在场"。至于空间新闻的未来指向何方,答案可能被放置在遥远的未来,但也可能已经近在眼前。

参考文献

[1] 学燕. 国内外热议的"空间新闻学"到底是个啥?[EB/OL]. [2022-03-24]. https://mp.weixin.qq.com/s/qyuVC6EgFrxCVG0xz2qD2w.

[2] 燕春. 新媒体时代下沉浸式 VR 新闻浅析——以新华社全国两会沉浸式新闻《听会》为例[J]. 采写编,2021(12):10-11.

[3] 田刚. 浅析国内媒体"VR+新闻"现状及未来图景[J]. 传媒,2020(4):48-50.

[4] 罗瑞. 元宇宙赋能体育新闻传播的未来图景[J]. 视听,2022(4):10-13.

当代中国数字空间中的人权风险与治理

韩　旭[①]　海翔宇[②]

【摘要】 伴随着“数字中国”建设的稳步推进，以互联网、大数据、云计算、人工智能等为代表的数字科技与人民生活、社会生产深度融合，由此开启了全新的数字化生存模式，同时也引发了如何审视数字空间中人权的思考。数字人权是人在数字空间中延伸出的基本权利，也是当代中国人权在数字空间中的延伸。当代中国数字人权面临着数字空间治理中的人权缺位、数字空间中隐私权的保护以及数字鸿沟中人性尊严的威胁。面对这些风险，应当以习近平尊重和保障人权的重要论述为指导思想，把人权的普遍原则与中国实际相结合，在数字空间中坚持依法尊重和保障人民主体地位的体现，积极解决当代中国数字人权面临的问题，进一步建立中国数字空间的信任机制。

【关键词】 数字人权；数字空间治理；人权法治保障；“数字中国”

伴随着信息技术与人工智能技术的快速发展，人工智能深度介入了人类工作生活的各个方面，人类迈入了数字时代，社会的发展变革必然促进人权的发展与变革[1]。在数字社会中，人们对数字技术产生了高度依赖，每个人也都被数字化。张文显教授在2019年就提出了“无数字，不人权”[2]的数字时代人权理念，认为数字人权将引领新一代的人权。“数字人权”是一个崭新的术语，是在信息革命和数字经济的客观反映下孕育并诞生出的。目前学界对数字人权的研究主要集中在概念证成、理论体系定位等方面，本文基于习近平总书记在中共中央政治局2022年2月25日就中国人权发展道路进行的集体学习讲话和中国政府发布实施的第四期《国家人权行动计划》（以下简称《行动计划》）分析数字时代人权存在的风险与危机，并对数字时代人权的保护提出策略。

一、数字人权的理念

人权理念是历史的、发展的，伴随着人类社会文明的不断进步，人权理念内涵和外延不

① 郑州大学法学院法学理论硕士研究生。
② 上海交通大学媒体与传播学院2019级博士研究生。

断扩展。人权受一个国家经济、文化和社会条件的制约，各国人民追求人权实现的道路并不只有一条。法国法学家卡雷尔·瓦萨克（Karel Vasak）在20世纪70年代提出“三代人权”理论，他认为每一代人权产生的背后都是一场革命。在数字时代，是通过数字信息革命实现人的解放和改变生产生活关系的。因此，在数字化、信息化、智能化的变革下，产生了数字人权。数字人权的提出，就是要在价值上申言数字科技必须以人为本，必须把人的权利及尊严作为其最高目的，并以人权作为其根本的划界尺度和评价标准[3]。

在以数字科技为主导的社会中，人不再单纯地是自然及社会中的个体，人也都通过数据信息被收集和存储在了网络世界。人权的观念也不再仅建立在传统的自然人基础之上，在很大程度上还建立在数字空间中人的权利基础上。数字人权的理念形象地概括了我们在数字时代的利益诉求，数字人权问题成为数字社会中最基本的人类问题之一。正如习近平总书记所说：“生存是享有一切人权的基础，人民幸福生活是最大的人权[4]。”数字人权概念的提出就是为了保障人们在数字时代能够追求安全、幸福与和谐的生活，展现数字生活中人的基本权利。同时，数字人权的提出不仅彰显了数字时代的特征，更为数字时代人们权益的保障指明了方向[5]。

目前，学术界对数字人权这一概念并没有明确的界定。国内学者就数字人权这一概念也未达成共识。在2020年7月全国科学技术名词审定委员会批准发布的第一批108条大数据新词中，数字人权（对应的英文名称“digital human rights”）正式成为科学技术名词，但未对这一名词做出解释[6]。在国外，数字人权这一词常出现在数字空间的隐私问题讨论中，但学界对此讨论较少。本文尝试将数字人权的法理基础与我国数字空间中所面临的现实风险结合，通过习近平法治思想的人权理论与中国人权观的分析提出当代中国数字人权的治理策略。

二、当代中国数字人权的风险

在大数据时代，数字科技与社会生产、生活深度融合，数字科技的广泛应用成为人们生活、生存和发展中不可或缺的一部分，它给人们带来巨大的便利，但也造成了一些风险与困境。

1. 数字人权中的人权缺位

目前，学界对数字人权的定位，出现了四代人权说和非四代人权说两种类型。张文显教授认为，数字人权属于第四代人权，它是为应对数字科技对人类社会的挑战而提出的新型权利理念，不仅是一项新兴人权，而且引领着新一代人权，具有丰富的内涵，其中“数据权”是一项引领性的新兴人权[2]。马长山教授也赞同数字人权属于第四代人权，人权形态在数字经济社会的发展中已打破了现有的“三代人权”理念，开启了以“数字人权”为代表的“第四代人权”。他认为数字人权是一种以数据和信息为载体，展现智慧社会中人的数字化生存样态和发展需求的基本权利，包括数据信息自主权、数据信息知情权、数据信息表达权、数据信息公平利用权、数据信息隐私权、数据信息财产权等[1]。人权属性已经不再仅仅依赖于人的生物属性和物理空间，它在很大程度上也要依赖于人的信息属性和虚拟空间[7]。刘志强教授从人权的代际划分原理出发，认为数字人权只属于三代人权范畴，人权主体、人权义务主体以及两者间的基础关系与第三代人权范式构造完全相同，数字人权的出现不构成人权代际的变革，只是单纯的人权内容上的增加，因此数字人权不能构成第四代人权。刘志强教授同样也认为人在数字空间中的权利也应当受到保护，并不否认自然人的数字权利[8]。如此一来，可以看出刘志强教授与张文显讲授、马长山教授对于数字人权是人权这一观点都秉持肯定的态度。

数字人权是人在数字空间中的权利，是人权在数字空间中延伸出的一系列权利。数字人权不是"数字人"或者"信息人"的权利，是人的数字权利，数字人权的保护对象始终是自然空间中的人，其本质依然是人的权利；对于数字人权的定位不清导致人权在数字空间没有得到保障，应该明确数字人权并没有超越现有人权范围。

2. 数字鸿沟：对人性尊严产生威胁

当今人权概念的界定主要依据是1948年的《世界人权宣言》[9]，人权源于人自身固有的尊严，人权的产生和行使都要符合道德，否则不具有正当性。《中华人民共和国宪法》第三十八条规定"中华人民共和国公民的人格尊严不受侵犯"。尊严是人类的独特特征，是人权的基础性价值，人的尊严在人权话语体系中处于核心位置。目前，我们正在进入高度自动化、智能化的智慧社会，数字鸿沟也被进一步拉大，由于数字方面"贫富差距"的扩大，人性尊严也面临着挑战。数字鸿沟意指因使用网络所需要的技能水平的差距而引起的"更深刻的阶层分化"[10]，这也导致数字时代出现了新一类的弱势群体——"数字弱势群体"。

数字弱势群体的弱势主要表现在公民因自身信息科技获取、应用能力较为低下或获取与运用的便利程度较低，而无法享受或充分享受人工智能带来的便利。如一些老年人或生活在偏远地区的贫困人群，他们因未拥有或者不会使用现代网络平台或智能设备，而无法享受智能技术的便利，遇到了传统社会中不存在的生活障碍[11]。如在防疫间，一些老年人因没有智能设备或不会使用智能设备而无法出示"健康码"，导致无法乘坐公共交通工具。在能够使用人工智能的人群中，不同个体享受的便利程度也不同，这也会产生数字弱势群体。因数字鸿沟的存在产生数字弱势群体，这类群体在数据获取和运用中都处于弱势地位[12]。人性尊严有两层含义，第一层即生物学意义上的具有支配作用的物；第二层即在个体层面，每个人都具有被尊重的权利，是不可被他物所替代的。在人工智能面前，人与物都变成了一串数字，人的尊严和人格并不存在[13]。在数字时代，智能机器通过大数据可以分析每个个体的喜好，据此推送他们喜欢的物品或服务，甚至不时搞个大数据杀熟的价格，这在无形中削弱了人的自主选择权，在这个层面，人的尊严受到了人工智能的威胁。数字弱势群体在数字社会本身就处于极为不利的地位，也是数字人权受损严重程度最深的群体，当普通民众都无法预知自己在何时何地被智能机器分析掌握时，数字弱势群体受到的伤害更甚，他们的尊严更加无法得到保护。

3. 数字公共空间：隐私权受到侵害

数字公共空间是公共空间的一种，在公共空间中隐私权受法律的保护，但是在数字公共空间中对隐私权的保护相当困难。伴随着各种智能科技的快速发展与广泛应用，人们在数字公共空间展示着各种自愿公开的信息，而这些信息可以通过数字技术用不同方式集中化，并作为一种商品加以利用，从而产生侵犯个人隐私的效果，个人也逐渐成为"透明人"，因此在数字公共空间对隐私权的保护更加困难[14]。

隐私权是确保个人人格权利完整的关键，其核心要旨在于个人私域之自主权利，价值本质为人之尊严及自由不受外界操控或支配。在具体化的新兴个别人格权中，以隐私权最为重要[15]。正如陈景辉教授所言，隐私具有独特价值，它是授予"我"作为个人的能力或资格，"我"可以要求他人应以"我是人"的方式予以对待，这对"我"的尊严至关重要[16]。在数字社会，个人的生活、工作等各方面都与各大互联网平台绑定，虽然各大网络平台都有个人可以选择不公开个人信息的提示，但个人在与数字平台的隐私谈判上依然明显处于劣势地位，只能选择"要么接受、要么走人"[17]。传统意义上的隐私权并不能等同于数字人权中的隐私权，数字隐私作为数据，在数字时代已经具有了财产属性，虽然法律对隐私权有相关的法律规定，但是对于数字隐私还没有相对完善的法律法规进行保护，因此对于数字时代的隐私权保护是一个亟待解决的问题。

三、当代中国数字人权保护策略

人权是权利的源泉，数字人权的问题是数字社会中最基本的问题之一，人权治理框架具有普遍适用性，因此有关数字人权的问题，依然可以靠人权机制进行治理。数字人权是信息革命所带来的新兴问题，也是基于智慧社会发展诉求的"第四代人权"。

1. 坚持数字空间中的人民主体性地位

习近平总书记在就中国人权发展道路进行的中共中央政治局第三十七次集体学习上提到："人民性是中国人权发展道路最显著的特征。我们保障人民民主权利，充分激发广大人民群众积极性、主动性、创造性，让人民成为人权事业发展的主要参与者、促进者、受益者，切实推动人的全面发展、全体人民共同富裕取得更为明显的实质性进展[4]。"尊重人民的主体地位就是强调人的主体性地位，即维护人的价值，捍卫人的尊严，这是人类发展史上永恒的课题，也是中国特色社会主义法治文明的灵魂。即使在数字时代，也应当认识到人的重要性，不应当被"物"主导，坚持"以人为本"的理念。

我国《国家人权行动计划 2021—2025》也新增了许多有关数字人权的内容，虽然我国在人权保护中没有将数字人权作为一项独立新权利，但是将数字人权作为下位权利融入人权体系之中，如在基本生活水准权利中要求弥合城乡数字鸿沟，统筹推进智慧城市与数字乡村建设，提升全民数字素养与技能；在受教育权中提出有效预防在线教育数字鸿沟，为家庭生活困难的学生提供必要的信息技术设备；在文化权利中要求推动数字公共文化建设；在老年人权益中明确要求提供适老智慧服务，解决老年人运用智能技术的困难，便利老年人使用智能化产品和服务；并且增加了个人信息保护的内容，要求完善个人信息保护法律制度、开展个人信息保护监管执法和宣传，维护网络和数据安全[18]。习近平总书记指出"经济全球化的大方向是正确的。当然，发展失衡、治理困境、数字鸿沟、公平赤字等问题也客观存在。这些是前进中的问题，我们要正视并设法解决，但不能因噎废食”[19]。

在涉及人权问题时，必须将人民放在首要位置，人权是人作为人的基本权利，是作为人的基本尊严。不论是在国家治理还是在国际人权对话中都应当以人为本，在数字时代的今天，科技发展迅猛，依然应当秉持着以人为本的理念，把人的权利作为最高价值。科学技术是一把双刃剑，在为人类提供便利的同时也会对人权造成侵害，我们应当时刻警惕与预防科技对人权的侵害。从法理角度来看，人权的本质在于平等，人权治理的要义在于公平。在发展中国家，资源、科技、教育等方面都存在着鸿沟，面对这一情况，需要公共资源的再分配以及政府调度来确保社会成员平等、充分地享有数字资源，保障“数字弱势群体”的权益。除此之外，社会组织与网络平台也应当承担尊重和保障人权的社会责任，切实保护“数字弱势群体”的权利。数字人权的目的是运用人权的固有价值强化对人工智能进行伦理约束和法律规制[2]。

2. 坚持从我国国情出发依法实现数字人权全过程治理

当前，我国对隐私权保护缺乏专门性综合性的法律，对数字时代下隐私权和个人信息保护的法律制度并不完善。从现有的法律治理来看，我国主要通过《民法典》《网络安全法》《个人信息保护法》《数据安全法》等实现对数字安全和数字人权的保护。传统意义上的隐私权不能直接等同于数字人权中的隐私权。数字时代的隐私权已经超越了传统隐私权的含义，具有财产性质。随着新技术的发展，新生事物与现存法律之间存在着不适应性，现有的法律对数字时代的隐私权保护存在一定程度的滞后性[20]。

2021 年通过的《中华人民共和国国民经济和社会发展第十四个五年规划和 2035 年远景目标纲要》强调，要“打造数字经济新优势”“统筹数据开发利用、隐私保护和公共安全”[21]。数字时代的隐私权应当综合考量传统法益与新兴法益间的关系，使两者达成价值平衡[22]。在国际范围内，许多国家鉴于本国数字经济和数字战略发展的需要开始关注数字时代的隐私和数据保护问题。我国可以从以下几点做起，建立一个既能适应数字时代面临的挑战，又能符合我国国情的隐私权保护的法律体系。第一，充分分析借鉴现有的关于隐私权和个人信息保护的立法，出台一部专门性、系统化的法律，保护数字时代隐私权免遭侵犯；第二，加强隐私权保护的法律监管，确保个人信息的收集、处理等过程必须经过信息主体的明确授权，赋予信息主体相应的知情权、删除权、更正权等个人信息管理权利；第三，严格设定企业的法律责任，明确企业等网络平台在涉及个人隐私时，必须符合正当性目的，不能随意透漏个人信息。

大数据的发展是不可逆的，我们应该看到数字时代带给我们的积极影响，同时也要意识到其对我们隐私等方面造成的侵害。只有关注到每个个体的平等发展，才有利于维护数字时代的个体尊严及发展，由此推动整个社会的可持续发展。

3. 积极参与全球数字人权治理，构建网络空间中的人类命运共同体

习近平总书记强调：“中国人民愿同各国人民一道，秉持和平、发展、公平、正义、民主、自由的人类共同价值，维护人的尊严和权利，推动形成更加公正、合理、包容的全球人权治理，共同构建人类命运共同体，开创世界美好未来[23]。”前三代人权已经无法满足数字时代人权的发展，面对新兴的“数字人权”，既要强化国家的保护义务、拓展社会（私权力）主体的保护义务，又要加强国际社会的广泛合作，尤其是在信息立法和数字人权保护上，不仅保持既有物理空间中的联合保护机制，还需基于数字思维协调虚拟空间的人权保护立场，促进不同国家在虚拟空间中的互利合作，从而探索数字时代的新型国际人权保护机制，共同分享数字经济带来的人权善果。

当前我国在总结前三期国家人权行动计划执行情况和实施经验的基础上，依据国家尊重和保障人权的宪法原则，遵循《世界人权宣言》和有关国际人权公约精神，结合《中华人民共和国国民经济和社会发展第十四个五年规划和2035年远景目标纲要》，立足促进人权事业全面发展，中国政府制定《国家人权行动计划（2021—2025年）》，确定2021—2025年尊重、保护和促进人权的阶段性目标和任务，明确了充分利用数字技术拓展所有人自由全面发展的空间的要求，深度参与联合国人权机制工作，推动建设更加公平公正合理包容的全球人权治理体系，共同构建人类命运共同体。

四、结语

在社会中，“每个人的自由发展是一切人的自由发展的条件”[24]。在大数据时代，“只有每个人都拥有健全有力的法感，国家才会有丰富的力量源泉，才会在国内外具有最可靠的保障。法感就如同整棵大树的根，如果树根发挥不了作用，大树就会在岩石与沙砾中枯死，所有其他一切都会成为泡影。一旦暴风雨来临，整棵大树将会被连根拔起[25]”。数字人权是国内人权研究的新兴领域，也是未来数字治理和人权保护的重点领域，习近平指出，人权是历史的、具体的、现实的，不能脱离不同国家的社会政治条件和历史文化传统空谈人权。因此，我们不能仅在理论层面开展当代中国数字人权的探讨，更重要的是结合数字空间中的具体人权风险，依法保障数字人权的立法、执法、司法和守法的全链条、全过程、全方位的实践经验，同时积极参与全球数字人权探讨，贡献中国数字人权智慧，推动全球人权治理朝着更加公平公正合理包容的方向发展，从而进一步促进当代中国人权事业的发展。

参考文献

[1] 马长山. 智慧社会背景下的“第四代人权”及其保障[J]. 中国法学，2019(5)：5－24.

[2] 张文显. 无数字　不人权[J]. 网络信息法学研究，2020(1)：3－7.

[3] 张文显. 新时代的人权法理[J]. 人权，2019(3)：12－27.

[4] 新华社. 习近平在中共中央政治局第三十七次集体学习时强调　坚定不移走中国人权发展道路　更好推动我国人权事业发展[J]. 党建，2022(3)：4－5＋24.

[5] 资琳. 数字时代知识产权与新兴权利的法理论证——“知识产权与相关权利的法理”学术研讨会暨“法理研究行动计划”第八次例会述评[J]. 法制与社会发展，2019，25(5)：207－224.

[6] 全国科技名词委. 全国科学技术名词审定委员会大数据新词发布试用[EB/OL]. (2020－07－23)[2022－04－23]. http://www.cnterm.cn/xwdt/tpxw/202007/t20200723_570712.html.

[7] 马长山. 数字时代的人权保护境遇及其应对[J]. 求是学刊,2020,47(4):103-111.
[8] 刘志强. 论"数字人权"不构成第四代人权[J]. 法学研究,2021,43(1):20-34.
[9] 黄金荣. 人权膨胀趋势下的人权概念重构——一种国际人权法的视角[J]. 浙江社会科学,2018(10):24-35+155-156.
[10] 辛德曼. 数字民主的迷思[M]. 唐杰,译. 北京:中国政法大学出版社,2016:11.
[11] 宋保振. "数字弱势群体"信息权益保障的法律路径[J]. 东北师大学报(哲学社会科学版),2021(5):91-100+107.
[12] 宋保振. "数字弱势群体"权利及其法治化保障[J]. 法律科学(西北政法大学学报),2020,38(6):53-64.
[13] 赵一丁,陈亮. 算法权力异化及法律规制[J]. 云南社会科学,2021(5):123-132.
[14] 苏明,陈·巴特尔. 数字人权的挑战与治理[J]. 电子政务,2022(3):101-112.
[15] 王泽鉴. 人格权法:法释义学、比较法、案例研究[M]. 北京:北京大学出版社,2013:31.
[16] 陈景辉. 隐私的价值独特性:个人信息为何应受保护?[J]. 环球法律评论,2022,44(1):36-52.
[17] 唐要家. 中国个人隐私数据保护的模式选择与监管体制[J]. 理论学刊,2021(1):69-77.
[18] 中华人民共和国国务院新闻办公室. 国家人权行动计划(2021—2025)[N]. 人民日报,2021-09-10(010).
[19] 习近平. 共同构建人类命运共同体[J]. 求是,2021(1):1-2.
[20] 沈正赋. 网络空间命运共同体的版图构建、机制维护与治理方略[J]. 江淮论坛,2020(1):130-134+140.
[21] 新华社. 中华人民共和国国民经济和社会发展第十四个五年规划和2035年远景目标纲要[EB/OL]. (2021-03-13)[2022-03-23]. http://www.xinhuanet.com/2021-03/13/c_1127205564_6.htm.
[22] 任颖. 数字时代隐私权保护的法理构造与规则重塑[J]. 东方法学,2022(2):188-200.
[23] 新华社. 习近平致信纪念《世界人权宣言》发表70周年座谈会强调 坚持走符合国情的人权发展道路促进人的全面发展[J]. 人权,2019(1):1-2.
[24] 中共中央马克思恩格斯列宁斯大林著作编译局. 马克思恩格斯全集(第4卷)[M]. 北京:人民出版社,1995:491.
[25] 耶林. 为权利而斗争[M]. 刘权,译. 北京:法律出版社,2019:49.

探究中药在国际新媒体平台上传播的影响因素

——以 YouTube 平台为例[①]

林昕悦[②]　陈　梦[③]

【摘要】 中药是中国古代文明传承的一部分，有着悠久的历史、丰富的文化内涵，凝聚着深邃的哲学智慧和中华民族几千年的健康养生理念及实践经验。新冠疫情暴发使中药重新走入了大众的视野。当前，关于中药传播的研究多集中于大众媒体，而新媒体如何有效地推广中药却鲜有研究。本文以 YouTube 平台为例，收集 111 个有关于中药视频作为样本，采用内容分析方法，以精细加工可能性模型（ELM）、健康信念模型（HBM）为基础，探究中药在国际新媒体平台上传播的影响因素。研究发现反应效能、感知利益、视频类型、上传者身份、信息信源和组织形式对传播深度的影响有显著差异；框架类型、视频类型、上传者身份、信息信源和组织形式对传播参与度的影响有显著差异；视频类型、信息信源对传播广度的影响有显著差异。本研究结果将助力中药乃至中医的传播和发展。

【关键词】 新媒体；中药；YouTube；内容分析；精细加工可能性模型；健康信念模型

中医药学包含着中华民族几千年的健康养生理念及实践经验，是中华文明的一个瑰宝，凝聚着中国人民和中华民族的博大智慧。中药是以中国传统医药理论指导采集、炮制、制剂，说明作用机理，指导临床应用的药物。在形成、应用和发展的过程中，具有鲜明的中华民族文化特征，是基于中华民族文化和科学传统产生的宝贵遗产。在阻击新冠病毒的过程中，中药再次走入民众的视野，引发了人们的广泛关注，也为挖掘中药的多元价值提供了良好的契机。目前，由于工作压力大、生活节奏快等原因，人们的身体频繁出现亚健康状况。而中药"未病先防""既病防变""瘥后防复"等特点也为人们调养身体起到重要的作用。同时，合理使用中药可以通经脉、调气血，使阴阳归于相对平衡，从而达到预防疾病的目的。

新媒体依托互联网移动终端高速发展，成为当下人们获取信息的重要手段，以即时性、交互性、低成本性等特点打破了传统媒体获取信息渠道单一、内容形式单调等问题，因此备受当代人重视。目前，中药传播存在传播策略弱化与中药文化重要性的矛盾，使得中药文

① 本文系贵州省哲学社会科学课题青年项目"公共卫生危机下中医文化的新媒体中外传播及其影响研究"（批准号：21GZGX24）阶段性成果。

② 上海交通大学安泰经济与管理学院本科生。

③ 上海交通大学媒体与传播学院副教授。

化与中药文化的传播无法达到平衡。中药文化在传播策略、传播手段、传播机制等方面都存在一定的不足[1]。例如,中药在传播中面临着传播资源少、传播内容老旧、传播内容单一等问题。西药的发展、中药人才储备不足、中医疗程较长等原因,造成了中药乃至中医在我国卫生、科技、经济、文化和生态资源的多元价值未被充分发掘。基于以上现状,将中药传播与互联网新媒体相结合,不仅符合当前人们获取信息方式的要求,同时也有助于中药的传承与复兴。

当前,学界的焦点大多集中在中药文化传播的现状及其解决方法方面,缺乏对中药信息传播效果影响因素的研究。因此,本文以中药为对象进行分析,考察 YouTube 平台上影响中药视频传播效果的因素,并基于精细加工可能性模型、健康信念模型,从中心路径和边缘路径两个方面系统考察探究影响中药传播效果的因素,并提出有针对性的意见。新媒体平台传播中药不仅有利于提升人们对养生健康的认识,同时也有助于中药乃至中医的复兴,对中药的对外传播和提升民族自信心有着重要的意义。

一、文献综述

1. 新媒体特征

新媒体作为当下人们获取信息的重要手段,有着即时性、交互性、低成本性等特点。新媒体中的社交媒体具有的参与性、复向传播性、对话性和圈子性有助于提升国际传播的认同感、覆盖率、亲和性和黏合度,从而成为跨文化传播的重要场域[2]。YouTube 作为全球覆盖范围和用户数量最大、内容最丰富的视频分享网站,可为对外推广中药文化、发扬中国传统文化提供一个良好的国际传播平台。

新媒体中所包含的数据为研究者判断信息质量提供了路径,以短视频为例,研究者可以从短视频的播放量、点赞量、评论量、转发量等数据中获取受众对信息的初始反应,表征受众后续情感和行为的认知加工过程。张志安等通过人民日报抖音号视频的点赞量、评论量和分享量反映视频题材选择、表现形式、传播模式等因素对视频传播的影响[3]。周海玲将视频的点赞量、评论量和收藏量作为视频的传播效果,以快手为例分析了视频主题、出镜人物、标题长度等因素对视频传播效果的影响[4]。短视频的播放量、点赞量、评论量和收藏量等数据可以反映出视频传播的广度,同时也可以从中感知受众对视频内容的接受度和认同度。以上述数据为基础,可根据精细加工可能性模型对短视频的传播效果进行分析。

2. 精细加工可能性模型

在社会心理学领域,精细加工可能性模型(elaboration likelihood model, ELM)解释了人们面对说服性信息时态度转变的内部反应机制。根据 ELM 模型,用户在信息加工和处理的过程中,获取充足信息并加以处理的难易程度会影响其处理信息方式的选择,且用户处理信息及态度改变会受两条路径的影响:中心路径和边缘路径。中心路径是指用户对信息进行思考、分析和归纳,最终导致态度的转变或形成,强调的是信息内容本身;边缘路径是指用户通过信息的某些情境线索形成判断,进而转变或形成态度。

目前已有大量文献运用ELM模型分析和理解信息传播的过程和机制。周敏、林苗基于ELM模型研究互联网环境下用户的健康信息搜索行为，认为用户的行为改变受到中心路径和边缘路径的双重影响，分析发现：信息质量和信源质量都显著正向影响用户对于健康信息有用性的感知[5]。张玥等以新浪微博为例，基于ELM模型提出博文内容的创作方式、信源的补充线索对舆情传播效果存在影响，并表明包含拓展线索的视频内容和信源引证标识会对微博舆论传播效果起负面影响[6]。黄艳等以100所高校共青团抖音号中5 562个短视频为研究样本，基于ELM模型考察了短视频传播效果的影响机理，表明中心路径中的内容质量对传播效果具有显著的正向影响；边缘路径中场景的实拍类短视频，短视频添加字幕、活泼或激昂的背景音乐以及口头语对传播效果均具有显著正向影响[7]。

本文将以YouTube平台为例研究新媒体平台影响中药传播效果的因素。在网络信息传播的过程中，视频信息内容本身以及除视频信息内容以外的因素，比如视频时长、视频类型、上传者身份等其他因素都会对视频的传播效果造成影响。鉴于YouTube平台上影响传播因素的变量极大契合ELM模型中心路径和边缘路径的属性，因此本文将使用ELM模型，以YouTube平台为例，研究新媒体平台上影响中药传播效果的因素。本文基于ELM模型，将YouTube平台上影响中药传播效果的因素归纳为中心路径和边缘路径。其中，中心路径代表的是视频的内容，边缘路径代表的是视频的呈现形式。

3. 新媒体的传播效果

已有大量文献对视频传播效果进行了研究。罗雪通过对视频的传播广度、传播深度和传播参与度进行评估，开拓了研究短视频传播效果的新思路[8]。陈强等将共青团中央政务抖音号短视频的公众参与划分成转发数、点赞数和评论数三个维度[9]。根据YouTube平台的具体情况，本文将引用卢桦的研究成果[10]，将视频传播广度、传播深度和传播参与度分别划分为播放量、点赞量和评论量三个维度。可以从视频的播放量中体现出视频传播的广度，不同阶层、不同身份、不同年龄的个体均可以接受视频的内容；用户通过观看视频，与视频中的内容产生情感上的共鸣，便会将对视频的认同度具体化为对视频的点赞行为，因此点赞量可以体现视频传播的深度；若用户对视频中的内容认同程度较高，则可以通过评论的行为来增加对视频的参与度。而受众对于短视频的分享和评论行为需要投入更多的认知努力[11]，因此评论量可以体现视频传播的参与度。本文将新媒体平台上中药的传播的影响因素通过ELM模型分为中心路径和边缘路径属性，研究中药在YouTube平台上的传播影响效果。

4. 影响新媒体传播效果的相关研究

基于ELM模型，本文将结合中心路径和边缘路径两方面分析在YouTube平台上影响中药传播效果的影响因素。其中，中心路径为视频中的内容，包括反应效能、感知利益、感知障碍、框架类型等；边缘路径包括视频类型、上传者身份、信息信源、组织形式等。

1）中心路径——内容主题

（1）反应效能（response efficacy）。

保护动机理论（protection motivation theory, PMT）认为在影响健康行为的因素中，应对评估的反应效能对个体最终产生保护行为有着重要的影响[12]。反应效能是指个体对所采取的某种保护行为是否起作用的知觉。个体因相信可以获益而采取一种行动，而且这种益处对个人有意义[13]。例如，中药会缓解新冠病毒所带来的症状，但如果已感染新冠病毒的人不相信中药能缓解新冠病毒所带来的症状，那么中药对于他们而言，也就没有什么益处，与相信中药会改善新冠病毒所带来的症状的人相比，他们服用中药的可能性就更小。本文基于对视频内容反应效能的研究，做出以下假设。

假设1:反应效能对中药新媒体视频传播效果的影响呈现显著差异。

(2) 感知利益(perceived benefit)。

采取行动后的感知利益是视频内容主题的重要组成部分。在视频中，采取行动后的感知利益有助于视频接收者提升认同度并采取相应的行动。根据美国社会心理学家建立的HBM模型可知，感知利益是对积极结果的信念，这种积极结果与应对真实或感知威胁的行为有关，是产生一种行为的力量[14]，但没有定义可能采取的特定行动过程，这一假设取决于人们对减少疾病威胁的各种行动的有效性的信念。因此，除非建议的行动被认为是可行和有效的，否则不会期望"受到充分威胁"的个人接受[15]。本文基于对视频内容感知利益的研究，做出以下假设。

假设2:感知利益对中药新媒体视频传播效果的影响呈现显著差异。

(3) 感知障碍(perceived barrier)。

采取行动后的感知障碍也是视频内容主题的重要组成部分。在视频中，采取行动后的感知障碍有助于视频接收者感知风险并权衡相应的行动。感知障碍是指特定健康的行动的潜在消极方面可能会成为执行建议行为的障碍[16]。该权衡行动是一种机会成本的博弈，发生在个体权衡行动的有效性与感知障碍(例如，副作用、医源性感染、价格高昂、不便等)之中。本文基于对视频内容感知障碍的研究，做出以下假设。

假设3:感知障碍对中药新媒体视频传播效果的影响呈现显著差异。

(4) 框架类型(episodic/thematic framing)。

视频内容中不同框架类型的叙述方式会对个体接受视频的理解程度产生重大影响。金伯利·格罗斯(Kimberly Gross)等发现框架改变了公民对情绪反应的解释，且改变了情绪反应和倾向之间的关系[17]。同样，更为普遍的修辞手法也可以用于一系列问题，即情景框架和主题框架[18]。情景框架关注单个事件，通常采用以小见大的方式，比如个人经历、案例研究等具体的例子，使内容更有情感吸引力；主题框架则侧重于事件变化的趋势，将问题置于更广泛的背景下，比如市场宏观环境、公共机构等公众事项。本文基于对视频内容中不同的框架类型的研究，做出以下假设。

假设4：不同框架类型对中药新媒体视频传播效果的影响呈现显著差异。

2）边缘路径

（1）视频类型。

目前，新媒体短视频平台的快速发展，用户在新媒体短视频平台上发布作品的成本低，短视频的数量不断增多，短视频的表现形式也呈现出多元化的趋势。大量研究依据短视频的拍摄方式和制作手段对短视频的类型进行划分，比如，场景实拍类、混剪类、动漫类、监控类、公开课类或者情景剧等。达斯汀·威尔本（Dustin Welbourne）等将视频类型分为采访、演示、主持等七类[19]。本文基于对视频类型的研究，做出以下假设。

假设5：不同的视频类型对中药新媒体视频传播效果的影响呈现显著差异。

（2）上传者身份。

上传者的不同身份会影响接收者被说服的效果。个体认为可信赖的、专业的人更可靠。例如，“专家”“博士”的身份可能会被认为更具有可靠性；“销售”“推销员”的身份可能会导致对可靠性的质疑。用户会根据上传者的身份来判断信息的可靠性与可行性。本文基于对上传者身份的研究，做出以下假设。

假设6：上传者身份对中药新媒体视频传播效果的影响呈现显著差异。

（3）信源。

信源是信息传播中影响视频传播效果的重要因素。信源的可信度对说服过程有显著影响[20]。在信息内容相同的前提下，个体更容易被可信度高的信源说服[21]。张玥等研究显示，微博V认证与微博会员对微博的转发数和评论数均有正向影响[22]。由YouTube平台认证的用户，账户页面会有灰色的对勾认证标志，这种标志可以帮助受众判断该账户的可信度以及账户身份信息等。本文基于对信息信源的研究，做出以下假设。

假设7：信息信源对中药新媒体视频传播效果的影响呈现显著差异。

（4）组织形式。

YouTube社区主要有两种类型，分别为用户生成内容型和专业生成内容型。与用户频道相比，专业频道通常拥有更加庞大的资源，这可以增加专业频道和视频的吸引力。然而，在科学传播中，用户生成内容比专业生成内容更受欢迎，用户生成内容通常以非正式的风格呈现且试图避免科学术语，这有助于视频接收者更好地理解视频内容信息，本文基于对不同组织形式的研究，做出以下假设。

假设 8：频道组织形式对中药新媒体视频传播效果的影响呈现显著差异。

本文研究构建的影响 YouTube 平台中药信息传播效果因素的理论框架如图 1 所示。

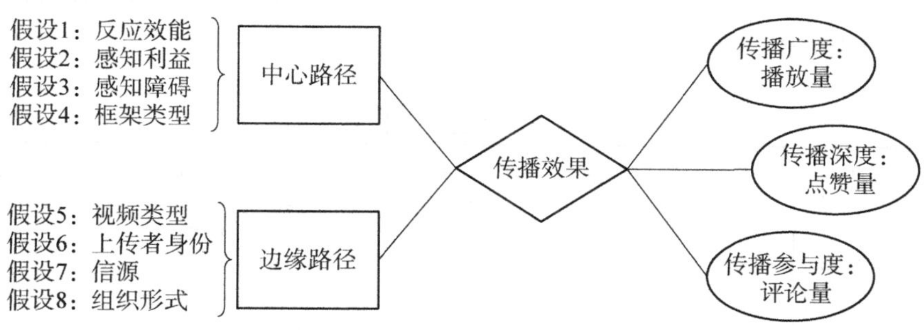

图 1　理论框架图

二、研究方法

1. 研究方法及样本来源

新冠疫情期间，中药作为抗击新冠病毒的有效手段引起了国内外的广泛关注。YouTube 作为全球最大的新媒体，是中药传播的重要平台。因此，本文以 YouTube 平台为研究对象，采用内容分析方法，通过 ELM、HBM 构建研究模型，以“Lianhuaqingwen”“Chinese herb”等词条下的视频为研究案例，用人工浏览的方式采集数据。采集内容为 2022 年 12 月 31 日之前的 150 条视频信息，剔除重复视频、无效视频后，共获得 111 条视频作为数据分析的原始数据样本。数据标签为播放量、点赞量、评论量、标题，以及 111 篇视频中所描述的文本。

2. 数据编码

本文的因变量为中药视频的传播效果，将综合采用传播广度、传播深度和传播参与度三个维度来评价 YouTube 平台上中药的传播效果(见表 1)。视频的播放量代表视频的传播广度，视频的点赞量代表视频的传播深度，视频的评论量代表视频的传播参与度。

表 1　因变量测量指标说明

变量类别	一级指标	二级指标
因变量	传播广度	播放量
	传播深度	点赞量
	传播参与度	评论量

本文自变量的中心路径主要包括视频内容的反应效能、感知利益、感知障碍、框架类型。以新冠病毒为例,可将视频中强调反应效能的"我认为中药可以有效地缓解新冠病毒所带来的症状"等类似语句认为是反应效能;将较为理性客观的"中药可以治疗新冠病毒所带来的症状"等类似语句认为是感知利益;将"中药虽然可以用于治疗新冠病毒所带来的症状,但是也会给人带来一些副作用"等类似语句认为是感知障碍;将情景框架和主题框架作为不同的框架类型。自变量的边缘路径主要包括视频类型、上传者身份、信源和组织形式等影响因变量的指标(见表 2)。

表 2　样本描述性统计结果($N=111$)

<table>
<tr><th></th><th>特征</th><th>编码定义</th><th>个案数(条)</th><th>百分比(%)</th></tr>
<tr><td rowspan="9">中心
路径</td><td rowspan="2">反应效能</td><td>0=我认为中药可以有效地缓解新冠病毒所带来的症状</td><td>89</td><td>80.2</td></tr>
<tr><td>1=无提及</td><td>22</td><td>19.8</td></tr>
<tr><td rowspan="2">感知利益</td><td>0=中药可以治疗新冠病毒所带来的症状</td><td>99</td><td>89.2</td></tr>
<tr><td>1=无提及</td><td>12</td><td>10.8</td></tr>
<tr><td rowspan="2">感知障碍</td><td>0=中药虽然可以用于治疗新冠病毒所带来的症状,但是也会给人带来一些副作用</td><td>28</td><td>25.2</td></tr>
<tr><td>1=无提及</td><td>83</td><td>74.8</td></tr>
<tr><td rowspan="2">框架类型</td><td>0=情景框架</td><td>28</td><td>25.2</td></tr>
<tr><td>1=主题框架</td><td>83</td><td>74.8</td></tr>
<tr><td rowspan="12">边缘
路径</td><td rowspan="4">视频类型</td><td>0=广告</td><td>8</td><td>7.2</td></tr>
<tr><td>1=介绍</td><td>66</td><td>59.5</td></tr>
<tr><td>2=新闻</td><td>10</td><td>9.0</td></tr>
<tr><td>3=上传者经历</td><td>27</td><td>24.3</td></tr>
<tr><td rowspan="4">上传者身份</td><td>0=商业家</td><td>5</td><td>4.5</td></tr>
<tr><td>1=专家</td><td>46</td><td>41.5</td></tr>
<tr><td>2=电视台</td><td>27</td><td>24.3</td></tr>
<tr><td>3=外行人</td><td>33</td><td>29.7</td></tr>
<tr><td rowspan="2">信源</td><td>0=认证</td><td>29</td><td>26.1</td></tr>
<tr><td>1=未认证</td><td>82</td><td>73.9</td></tr>
<tr><td rowspan="2">组织形式</td><td>0=自营</td><td>63</td><td>56.8</td></tr>
<tr><td>1=官方</td><td>48</td><td>43.2</td></tr>
</table>

如表 2 所示,在 YouTube 平台上有关中药的视频内容大多提及了反应效能、感知利益,分别占比 80.2%、89.2%,视频内容中感知障碍大多未提及,占比 74.8%,框架类型以主题框架为主,占比 74.8%;视频类型以介绍为主,上传者身份以专家为主,信源以未认证为主,

分别占比 59.5%、41.5%和 73.9%，组织形式中自营占比 56.8%，官方占比 43.2%。

3. 信度检测

本文由两位编码员在了解各编码项的内涵后，随机选取样本的 20%进行预编码。对于存在异议的部分或信度检验较低的编码项，研究员向编码员进行详细讲解，达成共识后再度编码，直至各编码项信度达标。对编码数据经行指数化处理，最终各编码项的 Cronbach's α 检验系数均高于 0.80，代表本文的编码在整体上具有可信性。

三、研究发现

本文通过方差分析来验证假设。详细结果如表 3、表 4 所示。

表 3　自变量描述性统计结果($N=111$)

		播放量(均值/标准差)	点赞量	评论量
反应效能	提及 ($N=89$)	4.38(1.04)	2.60(1.05)	1.76(0.89)
	未提及 ($N=22$)	4.43(1.04)	2.12(1.28)	1.56(0.91)
			2.50(1.11)*	
感知利益	提及 ($N=99$)	4.40(1.02)	2.61(1.03)	1.76(0.88)
	未提及 ($N=12$)	4.35(1.24)	1.59(1.35)	1.35(1.01)
			2.50(1.11)*	
感知障碍	提及 ($N=28$)	4.54(0.66)	2.74(0.76)	1.91(0.78)
	未提及 ($N=83$)	4.35(1.14)	2.42(1.19)	1.66(0.93)
框架类型	情景框架 ($N=28$)	4.54(1.17)	2.74(1.25)	1.96(0.89)
	主题框架 ($N=83$)	4.34(0.99)	2.42(1.05)	1.60(0.94)
				1.69(0.94)*
视频类型	广告 ($N=8$)	4.14(1.48)	1.00(0.54)	0.58(0.66)
	介绍 ($N=66$)	4.55(0.96)	2.79(1.01)	1.87(0.93)
	新闻 ($N=10$)	3.70(0.92)	1.78(0.66)	1.36(0.89)
	上传者经历 ($N=27$)	4.33(1.04)	2.52(1.13)	1.71(0.81)
		4.39(1.04)*	1.69(0.94)**	2.50(1.11)**
上传者身份	商业家 ($N=5$)	4.62(1.67)	0.78(0.36)	0.30(0.30)
	专家 ($N=46$)	4.50(0.88)	2.77(0.93)	1.78(0.84)
	电视台 ($N=27$)	4.03(1.09)	2.16(1.05)	1.48(0.98)
	外行人 ($N=33$)	4.50(1.07)	2.68(1.18)	1.94(0.90)
			2.50(1.11)**	1.69(0.94)**

（续表）

		播放量（均值/标准差）	点赞量	评论量
信源	认证（$N=29$）	5.18(0.89)	3.46(1.00)	2.49(0.66)
	未认证（$N=82$）	4.11(0.94)	2.17(0.93)	1.41(0.86)
		4.39(1.04)**	2.50(1.11)**	1.69(0.94)**
组织形式	自营（$N=63$）	4.52(0.93)	2.76(1.02)	1.88(0.87)
	官方（$N=48$）	4.23(1.15)	2.17(1.14)	1.45(0.97)
			2.50(1.11)**	1.69(0.94)*

注：* $p<0.10$；** $p<0.05$。

表4　中心路径和边缘路径对各因变量影响的方差分析检验表

	播放量	点赞量	评论量
反应效能	0.44	3.35*	0.89
感知利益	0.02	9.82**	1.93
感知障碍	0.70	1.77	1.63
框架类型	0.79	1.75	3.24*
视频类型	2.27*	9.64**	4.36**
上传者身份	1.48	7.10**	5.75**
信源	28.20**	39.33**	37.57**
组织形式	2.15	8.40**	6.00**

注：* $p<0.10$；** $p<0.05$。

检验发现，对于中心路径：在反应效能上，对点赞量（$M=2.50$，$SD=1.11$）存在显著性差异，而对播放量和评论量不存在显著性差异；在感知利益上，对点赞量（$M=2.50$，$SD=1.11$）存在显著性差异，而对播放量和评论量不存在显著性差异；在感知障碍上，对播放量、点赞量和评论量均不存在显著性差异；在框架类型上，对评论量（$M=1.69$，$SD=0.94$）存在显著性差异，而对播放量和点赞量不存在显著性差异，观众更倾向于给以情景框架构建的视频进行评论。对于边缘路径：在视频类型上，对播放量（$M=4.39$，$SD=1.04$）、评论量（$M=2.50$，$SD=1.11$）和点赞量（$M=1.69$，$SD=0.94$）均存在显著性差异，其中介绍类视频获得最高的点赞量、评论量和播放量，上传者自制类视频其次，广告类视频的视频点赞数和评论数最低，新闻类视频的视频播放量最低；在上传者身份上，对点赞量（$M=2.50$，$SD=1.11$）和评论量（$M=1.69$，$SD=0.94$）均存在显著性差异，而对播放量不存在显著性差异，观众更倾向于给专家点赞，对外行人的视频进行评论，观看更多商家所上传的视频；在信源上，对播放量（$M=4.39$，$SD=1.04$）、点赞量（$M=2.50$，$SD=1.11$）和评论量（$M=1.69$，$SD=0.94$）均存在显著性差异；在组织形式上，对点赞量（$M=2.50$，$SD=1.11$）和评论量($M=1.69$, $SD=0.94$)均存在显著性差异,而对播放量不存在显著性差异,观众更倾向于播放自营组织形式上传的视频,并对其进行点赞和评论。综上,假设 8 不成立。

为回答研究问题,针对中心路径和边缘路径进行多因素方差分析。结果表明,反应效能($F=3.35$, $p=0.070$)、感知利益($F=9.82$, $p=0.002$)、视频类型($F=9.64$, $p<0.001$)、上传者身份、($F=7.10$, $p<0.001$)、信源($F=39.33$, $p=0.002$)和组织形式($F=8.40$, $p=0.005$)均对点赞量存在显著性差异;框架类型($F=3.24$, $p=0.075$)、视频类型($F=4.36$, $p=0.001$)、上传者身份($F=5.75$, $p=0.001$)、信源($F=37.57$, $p<0.001$)和组织形式($F=6.00$, $p=0.016$)均对评论量存在显著性差异;视频类型($F=2.27$, $p=0.084$)和信源($F=28.20$, $p<0.001$)均对播放量存在显著性差异。

四、讨论与启示

当前,向世界传递优秀的中医药文化正在如火如荼地开展。如何充分利用好中医药所获得的广泛关注度,并合理利用海外社交媒体平台向全球推广中医药学和中医药文化成为许多学界关注的热点议题。本文立足于中药在新媒体平台传播中遇到的问题,以关注度较高的连花清瘟、中草药等词条视频为研究样本,探索影响国际新媒体平台中药传播效果的因素,以丰富相关理论研究并为实际问题提供参考性建议。

我们以 YouTube 平台中 111 个视频为研究样本,运用内容分析法和方差检验对视频的内容和呈现形式进行分析测算,并基于 ELM 模型重点考察了视频传播效果的影响机理,研究结论主要有以下两个方面。

从中心路径来看,YouTube 平台上关于中药的视频中,反应效能和感知利益对视频传播深度的影响有显著性差异;框架类型对视频传播参与度的影响有显著性差异。与预期不一致的是,中心路径中所有因素均对视频传播广度的影响不存在显著性差异,可能原因是短视频的兴起以及生活节奏的加快,与视频的内容要素相比,视频制作的形式以及上传者本身等视频的外部属性更加能够在短时间内吸引用户的眼球,有趣的视频制作形式可以给观众带来轻松感和愉悦感,而上传者本身属性标签则为用户缩减了搜索信息的时间成本,因此,对于观众而言,视频制作的形式等外部信息与视频本身的内容相比,更加能够吸引用户观看。同时,本文发现感知障碍对视频的传播广度、传播深度和传播参与度的影响均不存在显著性差异,可能原因是在治疗新冠病毒的过程中,观众在潜意识中已经将中药作为社会中治疗新冠病毒的有力手段,并且认为服用中药所带来的效益远远大于其所带来的副作用,因此,感知障碍对视频的播放量、点赞量和评论量均无影响。

从边缘路径来看,YouTube 平台上关于中药的视频中,视频类型、信源对视频传播广度的影响存在显著性差异,观众会优先播放平台认证过的用户所上传的介绍类的视频,该类型的视频内容不仅有很高的可信度,同时也可以很好地满足观众对于实际治疗的需要;视频类型、上传者身份、信源和组织形式对视频的传播深度存在显著性差异;视频类型、上传者身份、信源和组织形式对视频的传播参与度存在显著性差异，均符合预期的假设。与预期不同的是，不同的上传者身份对视频的播放量无影响，可能原因是虽然上传者的身份是固定的，但其上传视频的内容和形式是多样的，观众会根据自身的需要搜索相关的视频，而此类视频并不受上传者身份的限制，因此不同的上传者身份对视频的播放量无影响；此外，不同的组织形式对视频的播放量无影响，可能原因是官方组织为了更好地使观众理解视频中的内容，通常采取与自营形式相近的视频内容传播方式，导致官方组织发布的视频与自营个人发布的视频在内容风格、制作方式上有较高的相似性，因此，不同的组织形式对视频的播放量无影响。

本文在开展研究的过程中存在一些局限和不足。首先，本文是人工采样进行编码，具有一定的主观色彩，从一定程度上对编码的准确性带来限制。其次，本文研究素材的选择可能存在问题。一是样本量有限，本文选取了111个有关中药的视频进行内容和数据的分析，得到的结果可能会因为样本的选择出现一定的偏差；二是中药议题选择，选取了连花清瘟和中草药，虽然具有很高的受众关注度，但仍然无法完全代表中药在国际新媒体平台上的传播程度，会在一定程度上影响实验结果；三是材料形式的选择，考虑到实际可操作性，选取了视频这一形式，但现实中还存在文章、音频等多种形式，视频的可代表性有多大尚不能完全确定。这些局限与不足将在后续研究中进行改进。

综上，结合YouTube平台上中药视频发展的整体情况及其影响因素分析，对国际新媒体平台上中药传播的未来发展提出如下建议。首先，在内容上要突出强调中药的益处，采用情景框架以小见大地加强观众对使用中药治疗疾病的主观能动性，激发观众对中药的好奇心，加深对中药的深度讨论，更加全面地认识中药。其次，在视频的制作上要进行创新，以介绍型视频为主，在满足观众对于实际治疗的基础上加入轻松愉快的元素，以吸引观众播放视频。最后，加强与国际传播平台的联系与合作，使国内更多有关中医学的专家和学者都能入驻国际传播平台并被平台认证及宣传，为国内致力于传播中医药文化的博主提供讲好中国故事的平台。

参考文献

[1] 陶林，张宗明. 论中医文化传播的困境与突围[J]. 理论月刊，2015(3)：70－73.

[2] 栾轶玫. 社交媒体：国际传播新战场[J]. 中国传媒科技，2012(11)：19－21.

[3] 张志安，彭璐. 混合情感传播模式：主流媒体短视频内容生产研究：以人民日报抖音号为例[J]. 新闻与写作，2019(7)：57－66.

[4] 周海玲. 双路径视角下冬奥短视频传播效果影响因素探究：以“央视新闻”快手号为例[J]. 传媒论坛，2022，5(23)：33－37.

[5] 周敏，林苗. 风险感知与自我效能的正和博弈：基于ELM模型的健康类信息搜索行为影响因素研究[J]. 新闻大学，2020(9)：38－55.

[6] 张玥，孙霄凌，朱庆华. 基于ELM模型的微博舆情传播影响因素研究：以新浪微博为例[J]. 情报学报，2014，33(4)：426－438

[7] 黄艳，王晓语，李卫东. 高校共青团抖音短视频传播效果影响因素实证研究：基于全国100所高

校共青团抖音号的内容分析[J]. 中国青年社会科学,2022,41(2):43-55.
[8] 罗雪. 社交网络中全球媒体的国际传播效果提升策略研究:基于 CGTN 和 BBC 推特账户的比较分析[J]. 电视研究,2018(2):92-94.
[9] 陈强,高幸兴,陈爽,等. 政务短视频公众参与的影响因素研究:以"共青团中央"政务抖音号为例[J]. 电子政务,2019(10):13-22.
[10] 卢桦. 公安政务微博公众参与行为影响因素研究[D]. 成都:电子科技大学,2018.
[11] Kim C, Yang S U. Like, comment, and share on Facebook: how each behavior differs from the other [J]. Public relations review, 2017,43(2):441-449.
[12] Johnston A C, Warkentin M. Fear appeals and information security behaviors: an empirical study [J]. MIS quarterly, 2010(34):549-566.
[13] 王芸,肖霞,郑频频,等. 保护动机理论在个体行为改变中的应用和发展[J]. 中国健康教育杂志,2009,25(11):853-855.
[14] Raghunath K M K, Tulasi Devi S L, Anuradha K, et al. Reinvigorating organizational effectiveness and sustainability through risk assessment tools within the construction industry [J]. Engineering business environmental science, 2021:139-160.
[15] Rosenstock I. Historical origins of the health belief model [J]. Health education monographs, 1974(2):328-335.
[16] Janz N K, Becker M H. The health belief model: a decade later [J]. Health education quarterly, 1984,11(1):1-47.
[17] Gross K, D'Ambrosio L A. Framing emotional response [J]. Political psychology, 2004,25(1):1-29.
[18] Gross K. Framing persuasive appeals: episodic and thematic framing, emotional response, and policy opinion [J]. Political psychology, 2008,29(2):169-192.
[19] Welbourne D J, Grant W J. Science communication on YouTube: factors that affect channel and video popularity [J]. Public understanding of science, 2016,25(6):706-718.
[20] Sussman S W, Siegal W S. Informational influence in organizations: an integrated approach to knowledge adoption [J]. Information systems research, 2003,14(1):47-65.
[21] Kelman H C, Hovland C I. "Reinstatement" of the communicator in delayed measurement of opinion change [J]. Journal of abnormal and social psychology, 1953,48(3):327-335.
[22] 张玥,孙霄凌,浦正宁,等. 微博舆情传播影响因素研究:基于信源特征和信息形式的视角[J]. 情报资料工作,2014(3):59-64.